本书受到

国家自然科学基金项目"国内大循环主体地位导向下中国区域资本市场空间整合研究"

(项目编号：72263021)、

江西省高校人文社会科学研究项目"江西省区域资本市场空间整合研究：演进趋势、影响机制与效应分析"

(项目编号：JJ22112)

的资助

国内大循环主体地位导向下
中国区域资本市场
空间整合研究

GUONEI DAXUNHUAN ZHUTI DIWEI DAOXIANG XIA

ZHONGGUO QUYU ZIBEN SHICHANG

KONGJIAN ZHENGHE YANJIU

洪勇◎著

西南财经大学出版社

中国·成都

图书在版编目(CIP)数据

国内大循环主体地位导向下中国区域资本市场空间整合研究/洪勇著.--成都:西南财经大学出版社,2024.11. --ISBN 978-7-5504-6470-4

Ⅰ.F127

中国国家版本馆 CIP 数据核字第 2024Q4L606 号

国内大循环主体地位导向下中国区域资本市场空间整合研究
洪　勇　著

策划编辑:雷　静
责任编辑:雷　静
责任校对:杨婧颖
封面设计:墨创文化
责任印制:朱曼丽

出版发行	西南财经大学出版社(四川省成都市光华村街55号)
网　　址	http://cbs.swufe.edu.cn
电子邮件	bookcj@swufe.edu.cn
邮政编码	610074
电　　话	028-87353785
照　　排	四川胜翔数码印务设计有限公司
印　　刷	郫县犀浦印刷厂
成品尺寸	170 mm×240 mm
印　　张	11.75
字　　数	196 千字
版　　次	2024 年 11 月第 1 版
印　　次	2024 年 11 月第 1 次印刷
书　　号	ISBN 978-7-5504-6470-4
定　　价	79.50 元

前　言

　　2022 年 4 月 10 日《中共中央 国务院关于加快建设全国统一大市场的意见》（以下简称《意见》）发布。《意见》要求，加快建立全国统一的市场制度规则，打破地方保护和市场分割，打通制约经济循环的关键堵点，促进商品要素资源在更大范围内畅通流动，加快建设高效规范、公平竞争、充分开放的全国统一大市场，全面推动我国市场由大到强转变，为建设高标准市场体系、构建高水平社会主义市场经济体制提供坚强支撑。统一市场并非全新概念，建设统一市场一直是我国经济工作的重点任务之一。1993 年党的十四届三中全会明确"形成统一、开放、竞争、有序的大市场"；2003 年党的十六届三中全会进一步作出部署，"强化市场的统一性，是建设现代市场体系的重要任务"；2013 年召开的党的十八届三中全会提出"建设统一开放、竞争有序的市场体系"……这些都说明在不同的历史时期，党中央结合统一市场建设过程中出现的突出问题作出了针对性部署并将其贯穿社会主义市场经济体制从初步建立到逐步完善的整个过程。《意见》作为新时代建设全国统一大市场的顶层设计，既注重政策体系的连贯性与稳定性，又坚持以市场化导向深化改革，为统一市场注入新的时代内涵。

　　在当今世界处于百年未有之大变局的背景下，为应对复杂多变的国际国内环境，以习近平同志为核心的党中央提出了加快形成以国内大循环为主体、国内国际双循环相互促进的新发展格局。构建新发展格局是一项系统工程，关键在于经济循环的畅通无阻，强调国内国际双循环的相互促进。与之匹配的全国统一大市场，势必是强化我国超大规模市场优势、促进商品要素资源在更大范围内有序流动和合理集聚的大市场，势必是标准规则与全球市场对接、推动制度型开放、更好利用全球要素和市场资源的大市场。这样的大市场才能不断夯实我国市场"大"的基础，积蓄转向

"强"的动力。

虽然多年的市场化改革使国内市场分割状况有所改善，一些"显性分割"逐渐减少甚至消失，但取而代之的是各种层出不穷的"隐性分割"，致使区域市场分割依然比较严重，尤其是要素市场一体化进程相对滞后。一些学者的研究发现，资本要素市场的分割程度不仅没有减轻，近些年甚至出现了"翘尾"现象。这严重阻碍了全国统一大市场的建设和国民经济循环的畅通。因此，对中国资本要素市场整合问题展开全面、深入、细致的研究十分必要。

本书以经济学、金融学和社会学相关理论为基础，积极探索中国资本要素市场整合水平、影响因素与机制及各种效应。首先，笔者分别使用价格法、波动同步法、F-H法和引力模型法对中国资本要素市场空间整合水平进行测度。笔者使用几种不同方法进行测度是因为不同学者对中国资本要素市场空间整合水平的测度结果无法达成一致，有的结果甚至是截然相反。笔者对各种测度方法得到的结果进行相互验证、比较和综合后认为，2004—2023年中国30个省份（包括省、自治区、直辖市）资本要素市场空间整合水平有明显的提高，要素市场化改革取得了较大进展，为全国统一大市场建设和畅通国内大循环奠定了坚实的基础。

其次，笔者从基础设施建设、城市群扩容和营商环境的视角出发，详细研究了它们是如何影响资本要素市场空间整合（区域资本流动）的。在基础设施建设对资本要素市场空间整合的影响研究中，笔者发现，交通与网络基础设施建设能显著促进企业异地投资，进而推动资本要素市场空间整合；机制分析表明，宽松融资约束和推动技术创新是交通与网络基础设施促进企业异地投资的主要途径。在城市群扩容对区域资本流动的影响研究中，笔者发现，长三角扩容对区域资本流动具有显著促进作用，并且该作用存在明显异质性，扩容对原位城市区域资本流动的促进作用要优于新进城市；产业分工、金融发展在长三角扩容对区域资本流动的影响中起着正向中介作用，即长三角扩容可以通过推动产业分工、金融发展来促进区域资本流动；产业分工、金融发展的中介作用在中介过程的前半路径和后半路径均会受到制度环境的正向调节，即制度越完善，长三角扩容对产业分工和金融发展的推动作用越大，同时，产业分工和金融发展对区域资本流动的促进作用也会越大，反之则反。在营商环境对区域资本流动的影响研究中，笔者发现，优化营商环境能显著提高区域资本流动水平，从而促进资本要素市场空间整合；省份间的区域资本流动存在正的空间溢出效应，某个省份的资本流动水平提高会导致其他省份的资本流动水平也提高；空间溢出效应不仅表现为不同省份间资本流动的相互影响，还表现为某一省份的资本流动还会受到其他省份营商环境的影响。

最后，笔者分别研究资本要素市场空间整合对技术溢出、企业债务融资和区域房价联动的影响。资本要素市场空间整合对技术溢出效应的研究显示，资本要素市场空间整合能显著促进技术溢出，这种促进作用存在地区和时间异质性；资本要素市场空间整合对技术溢出的作用存在门限效应，在不同的技术创新水平下，资本要素市场空间整合对技术溢出的影响是有差异的，即技术创新水平越高，资本要素市场空间整合对技术溢出的促进作用越强。资本要素市场空间整合对企业债务融资效应的研究表明，资本要素市场空间整合能显著降低企业债务融资成本；其对债务融资成本的降低作用存在企业所有权性质、企业规模和行业异质性。资本要素市场空间整合对区域房价联动效应的研究显示，资本要素市场空间整合能显著增强区域房价联动程度，其对区域房价联动的影响存在城市发展水平和时间异质性。

洪勇

2024 年 7 月

目　录

1 引言

1.1 研究背景

中国经济经过 40 多年的快速发展，取得了令人瞩目的成就，综合国力获得了跨越式增强，人民生活水平显著提高，但在经济快速增长的同时，各种问题和矛盾也不断显现。从国内层面看，中国正处在由传统制造业向高技术产业和服务业主导型经济转变过程中。这一过程并不轻松，传统的粗放式经济增长模式难以为继，新兴产业如 5G、人工智能、大数据、新能源、生物医药等的发展需要时间积累和技术突破；产业升级过程中可能出现部分传统产业就业岗位减少的问题，而新经济业态对人才的要求又极为严格，此时如何有效缓解结构性就业矛盾及培养适应新经济需要的人才尤为关键；房地产行业长期以来对中国经济有着重要影响，房地产行业热度的褪去对经济增长造成了不小冲击；企业部门特别是地方融资平台和国有企业的杠杆率较高，潜在的金融风险不断升高；区域经济发展不平衡问题依然严重，东部沿海地区与中西部地区经济发展水平差距较大的状况并没有得到实质性改善；随着人口老龄化的加剧，社会保障制度面临巨大压力，养老、医疗保障等方面需要深化改革以应对老龄化社会的挑战；随着经济社会发展，环境保护和可持续发展问题日益突出，水资源短缺、环境污染、生态破坏等问题严重影响了人民的生活质量和社会的和谐稳定；优质教育资源、医疗资源的分布不均衡，导致部分地区居民无法享受良好的公共服务。这些问题无疑为中国今后的经济社会发展带来了巨大挑战。

从国际层面看，自特朗普政府执政开始，美国就不断退出各种国际组织和协定，"逆全球化思潮"逐渐兴起，贸易保护主义开始抬头。特别是美国挑起的中美贸易摩擦，对我国出口贸易造成了很大压力，并在一些关键技术上对中国"卡脖子"。拜登政府上台后对外宣称支持全球化进程，重新加入了一些曾退出的国际组织，美国一些官员还放出了要在贸易领域与中国缓解紧张关系的言论。但美国政府经常是说一套做一套，口惠而实不至，具有很强的迷惑性和欺骗性。2023 年以来，拜登政府在芯片等高科技领域针对中国搞起了"小院高墙"政策，旨在限制中国获取关键技术、设备和原材料，并阻止中国在相关领域取得技术突破。美国商务部工业和安全局将越来越多的中国公司列入实体清单，对这些实体实施严格出口管制，禁止或限制美国企业向名单上的中国企业销售高端半导体制造设备、软件和技术；扩大了对中国企业的关键技术和产品的出口许可要求，对于可能用于军事目的或者有国家安全风险的技术产品，会严格审查甚至直接拒绝发放出口许可；通过《外国投资风险评估现代化法案》及其后续修订，加强了对涉及敏感技术的外资并购案的审查力度，防止关键技术流入中国；鼓励全球供应链去中国化，推动芯片制造商和其他高科技公司在其他国家和地区建立生产线，降低对中国市场的依赖；限制中美两国在一些科技领域的学术交流和研究合作，减少尖端技术的转移；制裁特定企业，将支持中国科技发展的科研机构和个人纳入黑名单，冻结其在美国的资产并禁止交易往来。这些措施整体上构成了一个多层次、多维度的策略体系，以实现对中国高科技产业的战略围堵和遏制。

在复杂多变且日益严峻的国内国际环境下，我国经济运行面临着诸多不确定性和巨大挑战。对此，以习近平同志为核心的党中央已经适时提出了应对之策，即加快形成以国内大循环为主体、国内国际双循环相互促进的新发展格局。以畅通国民经济循环为主构建的国内国际双循环新发展格局，是在发展的内外部环境发生重大变化的条件下，我国对过去长期坚持的经济发展战略所做的一个重大修正。要形成新发展格局，以往过分依赖国际市场的发展模式在新环境下已不合时宜，需要对我国经济发展所依赖的市场重心进行调整，要突出国内大循环的主体地位。畅通国内大循环，要求坚持扩大内需这个战略基点，依托强大国内市场，贯通生产、分配、流通、消费各环节，打破行业垄断和地方保护，促进国民经济良性循环。这需要充分挖掘国内潜力，通过建立统一、开放、竞争、有序的国内大市场，扩大国内市场规模和内需。因此，推进国内市场一体化进程，加速区域市场整合就是现阶段亟待解决的问题。经过多年的市场化改革，国内市场整合取得了较大进展，商品市场整合水平有了明显提高，但要素市场，特别是资本要素市场整合情况没有明显改善，严重阻碍了资源配置效率的提高和国民经济循环的畅通，成为我国经济持续、健康、稳定发展的枷锁。因此，本书将中国资本要素市场空间整合及其相关问题作为研究对象具有重要的理论和现实意义。

1.2　研究意义

1.2.1　理论意义

首先，根据资本要素流动的特性，本书将传统引力模型进行适当改进，以测算资本要素的流动性，从外延上扩展了引力模型的使用范围。其次，与文献中普遍使用简单中介效应模型研究影响机制不同，本书在简单中介效应模型的基础上，将调节变量对中介变量的调节作用纳入分析，运用有调节的中介效应模型深入分析资本要素市场空间整合的影响机制，从内涵上丰富了对影响机制的分析。最后，基于资本要素市场空间整合视角研究它对企业债务融资成本的作用，开拓了研究企业债务融资理论的新视角。

1.2.2　现实意义

首先，现有的测度资本要素市场空间整合水平的文献无论是在测度方法还是结论上都存在较大差异，这意味着需要对资本要素市场空间整合水平及其发展趋势做进一步的研究以提供新证据。现有文献通常从某个视角出发并使用单一方法来测度资本要素市场空间整合水平，由于各种测度方法都存在某些不同程度的缺陷，这样做难免有疏漏，测度结果的可靠性难以保证。本书将采用多种方法从不同视角对中国资本要素市场空间整合水平进行测度，并对各种方法的测度结果进行相互比较和验证，这就可以最大限度地提升研究结论的稳健性和可靠性，为各级政府制定针对资本要素市场空间整合的相关决策提供有益参考。其次，本书通过对资本要素市场空间整合影响因素及其机制的研究，能全面深入地剖析各因素对资本要素市场空间整合的作用机理，将有助于各级政府有针对性地实施缓解和消除资本要素市场空间分割问题的政策，加快区域资本要素市场空间整合，以促进国内大循环的畅通。最后，本书对资本要素市场空间整合效应的研究，能使我们充分认识到推进资本要素市场空间整合在扩大技术溢出、降低企业融资成本、稳定房价等方面的重要作用，这将有助于我们更有效地利用资本要素市场空间整合为经济、社会和民生服务。

1.3　研究内容

首先，在借鉴文献中已有的各种方法的基础上，笔者提出新的方法对资本要素市场空间整合（区域资本流动）水平进行测度。考虑到每种测度方法都存在这样或那样的不同程度的缺陷，因此，笔者拟对不同方法所得到的测度结果进行相互比较和验证，取长补短，这样做会使本书的研究结论更稳健、更可靠。其次，笔者将分别基于基础设施建设、城市群扩容和营商环境的视角，详细研究它们如何影响资本要素市场空间整合（区域资本流动）。再次，基于市场整合的测度结果，详细分析资本要素市场空间整合的各种经济社会效应。最后，根据实证分析结果，笔者给出了研究结论、政策建议和未来进一步的研究方向。按照这一思路，本书的研究可分为以下几个部分。

第一章，引言。本章主要包括研究背景、研究意义和研究内容。

第二章，国内外研究现状及发展动态分析。本章旨在为后续研究提供理论支持和研究基础，具体从四个方面对文献进行梳理、归纳和总结。一是资本要素市场空间整合水平测度的研究现状，二是资本要素市场空间整合影响因素与机制的研究现状，三是资本要素市场空间整合效应的研究现状，四是亟待进一步解决的问题。

第三章，中国资本要素市场空间整合水平测度。本章采用价格法、波动同步法、F-H法和引力模型法分别对中国资本要素市场空间整合（区域资本流动）水平进行测度，并对各种测度方法所得结果进行相互比较和验证以最大限度地保证本书测度结果的准确性和可靠性，为后续资本要素市场空间整合影响因素和各种效应分析奠定基础。

第四章，中国资本要素市场空间整合影响因素与机制分析。本章分别基于基础设施建设、城市群扩容和营商环境的视角，详细研究它们如何影响资本要素市场空间整合（区域资本流动）。

第五章，中国资本要素市场空间整合效应分析。本章分别研究资本要素市场空间整合对技术溢出、企业债务融资和区域房价联动的效应。

第六章，结论。本章根据前面各章的研究给出研究结论、政策建议及未来的研究方向。

2 国内外研究现状及发展动态分析

　　由于区域资本要素市场空间整合主要表现为资本跨区域自由流动，故现有文献关于资本要素市场空间整合的研究，大多是基于区域资本自由流动的视角展开的。最初的研究主要针对的是资本的跨国流动，而资本在一国内部跨区域空间流动的问题曾长期游离于主流经济学视野之外，因为对于一国内部而言，学者倾向于资本自由流动假定，以及他们对空间因素的忽视。近年来，学者认识到了资本在一国内部自由流动假定的不合理，因此围绕一国内部资本跨区域流动的研究逐渐兴起，该领域的研究也获得了颇丰的成果，这为本书的研究打下了坚实的基础。

　　通过对现有文献进行梳理，笔者发现对中国区域资本要素市场空间整合问题的研究主要围绕以下三个方面展开：第一，通过各种方法测度资本要素市场空间整合水平，并以此为基础对区域资本要素市场整合及其演进趋势做出判断；第二，运用数理模型对资本要素市场空间整合的内在原因、机理进行理论解析，使用计量模型实证分析影响资本要素市场空间整合的各种因素及其作用机制；第三，运用数理和计量模型研究资本要素市场空间整合的各种效应。本书将以上述三个方面为主线对现有研究进行梳理、归纳和评述。

2.1 资本要素市场空间整合水平测度的研究

　　由于发达经济体国内资本要素市场发育成熟，资本能够在不同区域充分流动，区域资本要素市场空间整合水平较高，因此，国外学者如Robiyanto 2018 年的研究，官泽（Miyazawa）等人 2019 年的研究，霍沃斯（Howarth）和 Quaglia2020 年的研究，他们在研究中比较偏爱资本自由流动假定，对一国内部资本流动水平测度的研究比较少。但中国幅员辽阔，不同地区文化差异较大，而且资本要素市场发育不成熟，资本跨区域流动受到诸多限制，故有必要对资本在区域间流动状况和整合情况进行深入研究。对中国区域资本流动和市场整合水平进行测度的方法可分为直接法和间接法两大类。直接法通常利用不同区域的资本品价格或资金价格差异（虽然利率可以代表资金价格，但我国存贷款基准利率由央行统一确定，其在不同区域均相同，因此学者普遍使用资本边际产出代替利率水平[①]）来反映资本要素市场空间整合水平，常见方法有两种：一是通过区域间同一资本品价格的差异来衡量资本要素市场整合水平，即价格法；二是用区域间资本边际产出差异来反映资本要素市场整合水平，即资本边际产出法。间接法一般是通过测度资本在区域间的流动性来间接衡量资本要素市场空间整合水平，常见方法也有两种：一是费尔德斯坦（Feldstein）和堀冈（Horioka）在1980年提出的通过分析某一区域投资与储蓄间的相关性来反映区域资本流动性，即F-H法；二是基于资金流与货物流反向流动的逻辑，用区域间货物与服务净流动规模来反映区域资本流动性，即货物流法。

2.1.1 价格法

价格法以一价定律为基础，通过分析区域间资本品相对价格的敛散性来衡量资本要素市场空间整合情况，并通过相对价格敛散性的变化来反映资本要素市场空间整合的走势。该方法具有较好的理论基础，近些年来，很多研究中国区域资本要素市场空间整合的文献都采用该方法来测度资本要素市场整合水平。赵奇伟和熊性美在2009年基于中国1995—2006年的分地区固定资产投资价格指数，采用多种面板单位根检验方法对区域资本要素市场整合水平进行了分析，发现资本要素市场整合水平呈现出稳定的收敛趋势，市场整合程度有所提高。赵儒煜和孙宁志于2019年指出，虽然中国区域资本要素市场分割问题依然存在，但其程度呈现出逐年弱化的趋势。周经和黄凯在2020年基于相对价格法的研究发现，2005—2016年中国资本要素市场分割程度有所缓解。黄赜琳和姚婷婷在2020年认为，1998—2016年，中国区域资本要素市场一体化进程发展较快，市场分割程

[①] 在要素市场中，完全竞争市场的均衡条件为要素的边际收益等于边际成本。对资本而言，其边际收益等于资本边际产出与商品价格之积，其边际成本等于利率，因此在均衡时，资本边际产出等于利率与商品价格之比，即实际利率，因此，用资本边际产出代替利率是可行的。

度有较大改善。2019 年王张铭等基于 2003—2015 年中国省级面板数据的研究却发现，区域资本要素市场分割程度呈现出恶化趋势。龚新蜀和韩俊杰在 2019 年的研究也发现，由于资本要素市场发育缓慢，企业在国内的跨区域融资、并购受到较多限制，中国区域资本要素市场整合水平没有明显提高。吕冰洋等在 2021 年基于 1998—2013 年中国工业企业的微观数据，使用价格法分行业测度了中国资本要素市场分割水平。研究发现，1998—2013 年各行业资本要素市场分割水平均有大幅下降，降幅为 49%～63%，其中高技术产业、高端装备制造业下降幅度尤为明显。

价格是市场机制的核心，是反映市场整合水平较为理想的指标；同时，价格法也具有较好的理论基础，数据可得性也较强，因此，很多学者都偏好使用该方法。但学者在用该方法测度资本要素市场空间整合水平时，仅采用有限几类固定资产投资品的价格指数进行测算，故很难从整体上反映出中国区域资本要素市场空间整合的全貌。

2.1.2 资本边际产出法

资本边际产出法通过区域间资本边际产出（资本边际报酬）差异来反映资本要素市场空间整合水平。如果区域间资本边际产出差异缩小，表明资本要素市场空间整合水平有所提高；反之则反。

实践中，资本边际产出通常使用下式计算得到：$MPK = E_k \times (Y/K)$，其中，MPK 为资本边际产出，E_k 为资本产出弹性（资本份额），Y 为 GDP，K 为资本存量。资本存量通常使用永续盘存法进行估算，因此，准确估算资本产出弹性是得到资本边际产出的关键。文献中有两种常用估算资本产出弹性的方法：一是用产出对资本、劳动等投入要素进行回归（所有变量均取对数），得到资本投入的估计系数即资本产出弹性如张超等人 2016 年的研究，孙博文等人 2018 年的研究，王晓芳等人 2019 年研究；二是根据郭熙保和罗知 2010 年的研究，卢盛荣和易明子 2012 年的研究；杨晓等人 2012 年的研究；白重恩和张琼 2014 年的研究，曹廷求和张翠燕 2021 年的研究，在规模报酬不变的假设条件下，使用如下关系式计算得到：资本份额＝1-劳动报酬/地区生产总值。

郭熙保和罗知 2010 年利用省级数据，估算了 1990—2006 年中国 24 个省份的资本边际报酬，结果发现，发达地区的资本边际报酬较高，落后地区的资本边际报酬较低；同时部分贫困省份的资本边际报酬不断提高，而沿海地区的资本边际报酬没有明显增长，很多沿海省份出现了停滞甚至下降趋势，区域间资本边际报酬差异在缩小。卢盛荣和易明子在 2012 年的研究显示，1993—2008 年所有省份资本边际报酬均在下降，但与中西部地区相比，东部地区下降得更快，资本边际报酬在空间上的差异逐渐缩小。杨晓等在 2012 年指出，1993—1996 年各省份资本边际产出波动较为剧烈，1997 年以后省份间资本边际产出差异开始逐渐缩小。张超等 2016 年通过计算不同省份的资本边际产出方差系数发现，1978—1988 年中国区域资本要素市场整合水平趋于提高，但在随后的 10 年内呈现出逐渐分割走势，进入 21 世纪后，资本要素市场空间整合水平又重新进入稳步提高的趋势。

存贷款基准利率由我国央行统一确定，导致其在不同地区均相同，在这种情况下，通过不同地区资本边际产出差异来衡量资本要素市场空间整合水平是较好的选择。但不同地区面临的资源禀赋、技术水平、市场风险、政策环境、税收负担等影响资本边际产出的因素存在差异，即使资本要素市场是完全整合的，地区间的资本边际产出也不会完全相同。因此，使用地区间资本边际产出差异来衡量资本要素市场空间整合水平可能存在低估的情况。

2.1.3 F-H 法

费尔德斯坦（Feldstein）和堀冈（Horioka）1980 年对资本流动性问题进行了开创性的研究，他们通过分析投资与储蓄之间的相关关系来研究资本的流动性。如果投资与储蓄的相关性越强，资本流动程度就越弱，反之则反。F-H 法最初主要用于资本跨国流动问题的研究〔如 Obsibata1986 年的研究，阿迪斯（Artis）和巴优米（Bayoumi）1989 年的研究，柴田（Shibata）和新谷（Shintani）1998 年的研究，詹森（Jensen）1998 年的研究〕，近年来该方法也逐渐用于一国内部不同地区资本流动性的研究。胡永平等在 2004 年使用 ARDL-ECM 模型，在检验东、中、西部地区投资—储蓄协整关系的基础上，计算了储蓄留存率（F-H 系数），从投资—储蓄关系的视角分析了改革开放以来中国区域资本流动状况。博伊罗·德布雷（Boyreau-Debray）和魏（Wei）在 2004 年利用 F-H 方法检验了中国省际资本流动性，发现中国省际资本流动水平较低，且存在下降趋势。贺胜兵在 2008 年使用面板平滑转换模型对资本在中国地区间的流动能力进行了考察，结果表明，中国各省份的 F-H 系数出现了明显的异质性，省份间资本流动性存在较大差异。徐冬林和陈永伟在 2009 年使用似无关动态协整模型，检验了中国各地区的投资—储蓄相关关系，认为资本在区域间的流动性总体较弱。王博和文艺在 2012 年使用面板单位根和面板协整方法，对中国各省份的投资—储蓄关系进行了经验研究，结果发现，各省份的投资与储蓄之间存在显著的相关性，资本在区域间的流动性较弱。王振兴在 2018年的研究结果显示，中国总体资本流动性提升缓慢，分地区看，东部地区资本流动性显著增强，但中西部地区资本流动性有所减弱。曹彤等人 2020年基于 F-H 模型对粤港澳大湾区金融协同发展的研究发现，粤港澳大湾区资本跨地区流动水平较低，但存在较大的提升潜力。也有学者认为中国的区域资本流动性并不弱。李（Li）在 2010 年的研究指出，在剥离了外资和政府资金后，中国省际资本流动越来越像美国和其他发达国家的州际流动。陈（Chan）等人在 2013 年从总投资和总储蓄中分离出私人投资和私人储蓄，通过分析私人投资率—私人储蓄率的相关关系，以反映私人层面的省际资本流动状况。研究显示，20 世纪 90 年代以后，省际私人资本流动性有了显著提高。

F-H 法基于投资与储蓄关系的视角能较好衡量区域资本流动水平，但并不能测算资本跨区流动的绝对规模。2011 年据胡凯的研究，资本流动绝对规模对于研究区域经济发展不平衡的资本驱动成因及隐藏在资本流动背后的地区投资环境和制度成因更为直观。此外，该方法测度得到的只是某段时期的资本流动水平，只能反映一段时期内资本流动性的总体情况，而不能获取每个时点上的资本流动水平，从而密切追踪其走势。这就决定了该方法只适用于截面数据分析，无法满足面板数据分析的要求，这在一定程度上限制了该方法的应用范围。

2.1.4　货物流法

货物流法建立在资金流与货物流反向流动的逻辑基础上，通过货物与服务流动来推算区域间的资金流动，进而间接衡量资本要素市场空间整合水平。按照支出法国民经济核算恒等式，某个地区货物与服务净流出由国内区外居民和国外居民对该地区货物和服务的净消费支出构成。故区外居民对本地区货物和服务的净消费支出，可以用该地区货物与服务净流出总额减去国外居民对该地区货物和服务的净消费支出后得到。如果该数值为正，说明本地区的货物和服务为净流出，意味着资金为净流入；如果该数值为负，说明本地区的货物和服务为净流入，意味着资金为净流出。郭金龙和王宏伟 2003 年基于中国 1992—2000 年数据的研究发现，东部地区的资金流量较大，超过了中西部地区的资金流动规模，表明东部地区资本要素市场整合水平高于中西部地区。王小鲁和樊纲在 2004 年对中国省际资本流动规模的测算表明，改革开放以来中国地区间的资本流动表现出明显的不均衡格局，资本由中西部地区向东部地区流动，这构成社会资本流动的基本趋势。胡凯和吴清 2012 年基于中国 1997—2007 年省级面板数据的研究显示，资本在省际的流动规模呈现出不断扩张趋势，表明中国区域资本要素市场整合水平有所提高。赖（Lai）等人在 2013 年的研究显示，改革开放以来，除了 1994—1997 年中国区域资本流动性出现暂时恶化外，其他时期的区域资本流动性均有所改善。蔡翼飞等人 2017 年的研究表明，1999年以前省际资本流动规模较小，此后便开始迅速扩张，区域资本要素市场整合水平有提高的趋势。王喜和赵增耀在 2014 年的研究却发现，省际资本流动并没有呈现出显著扩张趋势，区域资本要素市场整合趋势不明显。

虽然货物流法的思想简单明了，但也存在明显不足，即基于地区间货物与服务流动来测算地区间资本流动的方法只能反映与货物和服务流动相联系的资金流动，而无法体现与货物和服务流动无关的金融投资所引起的资本流动。此外，该方法基于资金净流动来测度资本流动的做法可能会大大低估资本流动规模，因为即使资金净流动规模较小，也存在着资金流入和流出规模都较大的可能性。

2.1.5 其他方法

除了上述几种常见方法外，还存在其他一些测度区域资本要素市场空间整合水平的方法。如任晓红等人 2011 年、王 2016 年、刘究志 2017 年提出，基于中国各省资本存量占全国资本存量比重变动的视角，测度省际资本流动的资本存量变动法；赵慧卿 2012 年、王宋涛等人 2017 年通过分析省际资本生产率的差异程度来测度资本要素市场空间整合水平的资本生产率差异法；2017 年高传伦基于政府对资本市场的规制、所有制类型对资本流动的影响、货币供给能力、资本形成能力、银行市场化水平、股票市场发育程度影响资本市场自由度的六个方面，测算中国资本要素市场空间整合水平的主成分分析法；2020 年洪勇通过计算投资和储蓄之间绝对和相对差额来衡量资本要素市场空间整合水平的投资—储蓄差额法；还有学者如马草原等人于 2023 年将价格法和资本边际产出法相结合，通过计算不同地区资本相对报酬的方差来衡量区域资本要素市场整合水平。

从上述介绍的各种方法可以看出，各测度方法都不同程度地存在某些缺陷，并且不同学者在测度我国区域资本要素市场空间整合水平时所得结论也存在差异，因此有必要采用不同方法对中国区域资本要素市场空间整合水平展开进一步研究。

2.2 资本要素市场空间整合影响因素与机制的研究

资本要素市场空间整合（区域资本流动）的影响因素与机制一直是学界颇为关心的问题，学的研究视角不同，所侧重的影响因素与机制也各不相同。国外研究中比较常见的因素有：资本边际收益率、地区间税收竞争、地方政府质量或制度环境差异、政府对银行业的限制等。虽然影响区域资本流动的因素很多，但总体上看，有关中国区域资本流动影响因素与机制的研究可以分为两类：一类是与政府相关的因素与机制，另一类是与市场相关的因素与机制。

2.2.1 与政府相关的因素与机制

在中国资本要素市场发育过程中，政府一直处于主导地位。改革开放以前，计划经济居于支配地位，中央政府掌控了经济运行，导致地区间资本要素市场分割程度一直较深，资本跨区域流动十分困难。改革开放以来，虽然市场经济比重不断上升，区域资本流动程度有所加强，但出于自身利益考虑，各级地方政府对本地金融机构的控制并没有放松，对跨地区资本流动的阻碍作用依然十分明显。

博伊罗·德布雷（Boyreau-Debray）和魏（Wei）2005 年认为，中国地方政府错误干预和配置资本是阻碍区域资本流动的重要原因。李治国于 2008 年指出，为了在竞争中处于有利地位，地方政府在金融市场设置壁垒和障碍，严重削弱了地区间的资本流动性。胡凯在 2011 年指出，地方政府行为引起的内生交易费用阻碍了资本跨区域流动。胡凯和吴清在 2012 年基于 1997—2007 年省级面板数据，从制度经济学的视角分析了制度环境对省际资本流动的影响。结果表明，制度环境对省际资本流动有重要影响，缩小政府规模、降低非税负担、加强产权保护可以有力促进资本净流入，减少政府对企业的干预也能够显著促进资本净流入。王喜和蒋薇薇在 2016 年利用 1995—2011 年中国 30 个省级行政区面板数据，分析了财政分权制度与资本跨地区流动的关系。研究发现，财政分权激励了地方政府采取保护主义政策，从而抑制了区域资本流动。王宋涛等人 2017 年指出，政府长期的利率管制使资本受到较大约束，无法实现自由流动和最优配置；此外，地方保护主义及政务环境对跨地区投资造成不同程度的束缚，提升了资本流动成本，导致区域资本要素市场分割。韩（Han）和林（Lin）在 2019年基于中国 1997—2014 年多个省份的数据研究了政府规模对区域资本流动的影响。研究表明，政府规模对资本流入存在负面影响，具体而言，政府在基础建设和管理方面的支出显著挤出了资本流入。张（Zhang）和钱（Qian）在 2021 年基于省委书记离职和省际资本流动数据，考察了官员离职对省际资本流动的影响。结果发现，在官员离职的年份，流入该省的资金较少，这一现象在考虑了选择性偏差和多种稳健性检验后依然存在。

还有一些学者认为，政府行为也有可能促进区域资本流动。王曦等人 2014 年通过建立两地区新古典增长模型，从理论上探究中央政府投资如何影响区域资本流动，并进行了实证验证。研究表明，对多数省份而言，中央政府投资对投入地产生了资本"挤入效应"，即中央政府投资能引致其他资本进入，促进了资本流动。王凤荣和苗妙 2015 年从企业异地并购的微观层面切入，基于地区间税收竞争视角研究了影响资本跨区域流动的因素。研究显示，地方政府税收竞争对企业异地并购行为产生了重要影响，进而引致了资本跨区域流动；王家庭等人 2022 年的研究也认为，政府竞争有利于促进区域资本流动。当官员前往异地任职时，由于很难在短时间内建立起对当地的信任，因此，倾向于将其信任的商人及资金一起带入新任职地，由此形成了"钱随官走"现象。钱先航和曹廷求在 2017 年利用央行大额支付清算系统数据，在匹配省委书记个人特征的基础上，考察了地方政府官员对区域资金流动的作用。研究显示，与非任职年份相比，在任职期间，官员出生地与来源地的资金会更多地流入任职地，从而验证了"钱随官走"现象。中央政府对地方的财政转移支付也是引起资本跨区域流动的重要原因，范子英在 2020 年的研究，以及吕炜和邵娇在 2020 年的研究都表明，地方官员拥有的政治资本越多，其所在地获得的财政转移支付就越多。毛捷等人 2022 年基于 2007—2018 年中国地级市城投债面板数据，实证研究了城投债增长对资金跨区域流动的影响。结果显示，城投债显著弱化了本地投资与本地储蓄间的关系，促进了区域间资金流动，起到了以债引资的作用。范子英和周小昶在2022年以所得税分享改革作为准自然实验，实证分析了财政激励对区域资本要素市场整合的影响。结果发现，由于所得税分享改革降低了地方企业的税收分成，于是地方政府对国有资本放松了管制，因而地方国企显著增加了在异地设立子公司的数量。地方政府财政收支非对称分权可以通过企业异地投资渠道影响区域资本流动。具体来说，据谢贞发2023年的研究，财政收支非对称分权特别是支出分权超过收入分权的非对称性对企业投资设立异地子公司具有显著促进作用，因而促进了资本跨区域流动。

2.2.2　与市场相关的因素与机制

随着我国经济体制改革的不断深化，市场对资源配置的作用不断强化，按照市场经济规律配置资本要素已成为各经济主体的共识，其对资本的优化配置，对区域资本流动起到了日益重要的作用，市场导向的经济改革是中国资本跨区域流动的主要驱动力。

李群和赵嵩正在2005年认为资本流向某个地区的动力取决于资本流入该地区能带来的潜在收益，该收益的大小则取决于该地区的技术水平、资源禀赋、交通基础设施、经济运行机制等因素相互叠加所形成的整体经济环境的好坏。余壮雄等人2010年基于新古典理论框架建立了一个两地区竞争模型，以研究FDI如何影响区域资本流动。结果显示，FDI的进入会造成资本在区域内形成一个先流入FDI进入的地区，然后再流出该地区的过程。王喜和赵增耀在2014年将FDI纳入自由资本模型，构建了一个分析FDI如何影响资本跨区域流动的理论模型，并实证验证了FDI对区域资本流动的影响。研究表明，FDI通过市场规模扩大效应和资本供给拥挤效应抑制了资本在区域间的流动，同时，FDI抑制区域资本流动的作用在东、中、西部地区间存在一定的差异。任晓红等人2011年认为，市场潜力能显著促进省际资本流动，是影响资本跨省流动最重要的因素；而拥挤成本、人力资本和对外开放程度则会抑制省际资本流动。蔡翼飞等人2017年的研究发现，资本流入西部地区主要是政策倾斜导致的，中东部地区资本流入和流出则主要是市场力量的结果；随着时间推移，政策导致的资本流动在减弱，市场导致的资本流动在不断增强，这表明区域资本流动格局逐渐进入了依靠市场力量就能实现平衡的阶段。曹廷求和张翠燕在2021年认为，与产权制度相比，完善的市场化契约制度对资本更具吸引力，因此，不断改进和完善契约制度能够有力推动资本在区域间自由流动。杨继彬等人 2021 年提出，持续完善的市场化营商环境也在一定程度上促进了资本在区域间的流动。

一些学者从企业层面着手，基于微观视角研究了资本跨区域流动的影响因素。企业迁移是引起资本在区域间流动的一个重要因素。据魏后凯和蔡翼飞 2009 年的研究，蒋媛媛 2009 年的研究，21 世纪初以来，东南沿海制造业企业了加快向中西部地区迁移的步伐，从而带动了区域资本流动。金达（Kinda）2010 年从物资资本、融资便利度、人力资本及基础设施等投资环境角度，考察了企业投资和选址对资本跨区域流动的影响。曹春方等人 2019 年的研究发现，集团总公司所在地对异地的信任程度会对企业集团在异地设立子公司产生影响，进而影响区域资本流动。杨继彬等人 2021 年使用中国企业家调查系统（CESS）省际双边信任调查数据，基于企业异地并购视角，研究了省际双边信任对资本跨区域流动的影响。研究显示，收购企业所在地对目标企业所在地的信任程度和目标企业所在地对收购企业所在地的信任程度，对地区间并购频率及规模均会产生显著作用，从而推动或阻碍区域资本流动。吴倩等人 2020 年从企业异地并购视角分析了高铁开通对区域资本流动的影响。研究表明，高铁开通激励了通车城市间企业异地并购行为，推动了资本在地区间的流动，并且在城市间有较多直达高铁和彼此信任程度较低的样本中，高铁开通的作用更为显著。马光荣等人 2020 年基于 2006—2018 年上市公司异地投资数据，探究了交通基础设施对区域资本流动的影响。结果显示，高铁通车后，上市公司在异地投资规模明显增加，同时，高铁对区域间资本流动的促进作用表现出不对称性，高铁通车使资本从中小城市净流入大城市。余婕等人 2022 年从企业异地并购的视角探讨了风险投资对资本跨区域流动的影响。研究认为，风险投资能促使被投资企业扩大异地并购规模，从而推动资本跨区域流动。虽然机构跨区域持股会影响企业异地并购，从而引起资本跨区域流动，但机构跨区域持股对异地并购事件的影响与目标企业所在地市场垄断程度密切相关。王垒等人 2023 年的研究表明，垄断程度越低，发生异地并购事件的概率越高。据余典范等人 2023 年的研究，企业数字化转型主要通过提高生产经营效率、压缩交易成本与费用、优化内部组织结构等途径实现，从而促进企业投资设立异地子公司，因而加快了区域资本流动。洪小羽等人 2023 年研究了资本市场开放对区域资本流动的影响。研究发现，沪深港通交易开放后，虽然投机效应制约了企业异地投资行为，但信息不透明程度的下降和融资约束的缓解能显著促进企业异地投资，最终资本市场开放对区域资本流动表现出正向作用。

2.2.3　其他因素与机制

邓（Deng）和王（Wang）2016 年利用中国的省级层面数据，考察了资本流动模式与经济体制变迁的关系。研究表明，国内制度因素在塑造资本流动模式方面发挥着重要作用。范欣等人 2017 年提出，地区间地理障碍在大规模交通基础设施建设的持续推进下被不断消除，有效促进了资本等要素的区域间流动。段（Duan）等人 2021 年利用中国风险投资和高铁建设数据设计了一个自然实验，实证分析了交通基础设施对资本流动性的影响。研究发现，某个城市新开通一条高铁线路后，将会使该城市风险资本流入和流出规模分别增加 1.0% 和 1.6%。鲁德（Crude）和霍夫曼（Hoffmann）2017 年认为，各省人口特征是影响资本省际流动的重要因素。钱（Qian）等人 2018 年基于中国人民银行大额支付系统数据，运用社会网络分析法研究了中国区域间资本流动及其空间相关性。研究发现，区域资本流动存在空间溢出效应，某个省份的资本流动受到其他省份的显著影响。

2.3　资本要素市场空间整合效应的研究

资本要素市场空间整合会造成什么影响是学者普遍关心的问题。这方面的研究可以大致分为以下几类：一是区域资本要素市场空间整合或区域资本流动对经济增长的作用；二是资本流动对区域经济空间均衡性的影响；三是区域资本要素市场空间整合对技术创新（技术进步）的作用；四是区域资本要素市场空间整合对生态环境的影响。

2.3.1　经济增长效应

刘培林 2005 年提出，资本要素市场空间分割在很大程度上阻断了区域间应有的经济联系，区域分化问题日益凸显，抑制了市场化的生产要素配置，导致了严重的资源浪费，不利于经济长期健康发展。高传伦在 2017 年基于 1993—2013 年中国省级面板数据的研究显示，经济增长与资本要素市场分割之间呈现出倒 U 形关系，当经济发展到一定程度时，持续的资本要素市场分割将会抑制经济增长。祝志勇和刘昊在 2020 年使用中国 30 个省份 2001—2017 年的数据，研究区域市场分割对经济增长质量的影响。研究表明，资本要素市场分割使中部和东北地区企业缺少技术创新和提高企业生产率的必要资金，不利于产业结构优化升级，从而降低了本地区经济增长质量。牛盼强和谢富纪在 2008 年提出，资本跨区域流动与重组，能够提高区域内资本利用效率，从而促进经济持续增长。陈磊等人 2019 年指出，包含资本在内的要素跨地区流动，对区域经济发展具有直接促进作用和以经济一体化为中介的间接促进作用。杜两省在 2020 年考察了创新型资本跨区域流动在不同制度环境下对区域经济发展的影响。结果显示，制度环境越好，创新型资本流动的本地和空间溢出效应越显著，对区域经济发展的促进作用越大。史（Shi）等人 2022 年基于中国城市层面数据的研究发现，跨城市资本流动对城市经济增长具有积极作用。

2.3.2 区域经济空间均衡效应

高质量的经济发展不仅体现在总量增长、效率提升上，而且要求区域经济协调、均衡发展，因此，如孙久文在 2018 年提出的一样，区域经济差距是经济高质量发展过程中必须面对的重要问题。资本在区域间流动影响了生产要素在空间上的分布，这势必会对区域经济的空间均衡产生影响。一些学者认为，资本流动能够缓解区域经济在空间上的不均衡。豆建民 2005 年指出，中国区域资本流动性不断增强，并且总体上是流向经济增长较慢的省份，这使得各省份之间 GDP 增长率的差异显著缩小。陈燕儿和白俊红在 2019 年基于 29 个省份 1998—2016 年的面板数据，使用空间计量模型实证分析了要素流动对区域经济收敛的影响。结果显示，资本流动对区域经济收敛具有显著促进作用。周玲在 2020 年使用 QAP 方法，研究了中国省际资本流动与区域间经济发展差异的关系。结果发现，随着省际资本流动性的提高，区域经济发展的不平衡程度会下降。还有一些学者认为，资本区际流动加剧了区域经济发展不平衡。肖燕飞 2012 年认为，资本跨区域流动扩大了中国区域经济发展差距，区域间资本流动规模提高 1%，衡量区域经济发展差异的泰尔指数会增长 0.422%。黄文军和荆娴在 2013 年指出，东部地区资本流动性的增强引起了经济高速增长，但在中西部地区，资本流动性的提高反而造成了不利影响。钟军委和林永然在 2018 年基于 2000—2013 年中国 267 个地级市的面板数据，研究了资本跨区域流动对区域经济空间均衡的影响。研究显示，资本流动使地区间居民人均收入差距扩大，强化了区域经济空间的非均衡性。

2.3.3　技术创新效应

中国正处在"新兴+转型"阶段，关键性要素资源的配置权仍控制在政府手中，正如余明桂等人 2010 年提出的，要素市场分割容易引起企业寻租行为，使企业在不进行技术创新的条件下也能获得超额利润，进而弱化了企业的创新动机。伯拉德（Bollard）等人 2016 年指出，资本等要素市场空间分割阻碍了生产要素跨区域自由流动，造成不同地区要素边际产出不一致，导致企业的生产资源配置难以实现最优比例，从而不利于技术创新。韩庆潇和杨晨 2018 年认为，过度的要素市场分割极大弱化了市场机制在资源配置中的主导地位，抑制了包括资本在内的创新型要素的自由流动，削弱了技术创新能力。张臻 2018 年认为，要素市场分割不仅阻碍了全要素生产率的提高，也使得企业的创新动力和能力下降。王晓芳等人 2019年指出，区域资本市场空间整合主要通过规模经济、要素匹配和人力资本积累等途径促进技术进步。黄赜琳和姚婷婷在 2020 年基于 1998—2016 年省级层面数据，采用动态空间面板模型考察了要素市场分割对技术进步的影响及作用机制。结果发现，资本要素市场分割对技术进步产生了显著不利影响，这种不利影响主要通过要素配置效率发生作用。倪嘉成在 2020 年指出，资本要素市场分割程度越高，表明地方政府对资本管制和资源配置的能力越强，越容易导致资源错配，从而抑制了创新活动的开展。但有学者对此持不同看法。周经和黄凯在 2020 年利用 2005—2016 年中国省级面板数据，实证分析了要素市场分割如何影响对外直接投资逆向技术溢出的创新效应。研究表明，适度的资本要素市场分割有助于发挥对外直接投资逆向技术溢出的创新效应。原因在于，适度的资本要素市场分割可以有效阻止高级生产要素外逃，避免优质要素资源被其他地区滥用，进而提高了本地区对逆向技术溢出的吸收能力。

2.3.4　环境效应

范子英和张军在 2009 年的研究中指出，虽然我国商品市场分割程度有了较大减轻，但要素市场分割程度依然较高，要素市场分割导致的激励扭曲，严重降低了生产效率，从而加剧了环境污染。吴振信等人 2012 年基于 2000—2009 年中国省级面板数据的研究发现，在市场分割条件下，要素和资源难以充分流动，导致各地的比较优势无法发挥，阻碍了产业结构优化升级，加剧了碳排放水平的提高。董（Dong）等人在 2012 年和邓玉萍、许和连在 2013 年提出，市场分割限制了资本等要素自由流动，抑制了产业集聚，不利于绿色环保与清洁生产技术在企业间共享，导致环境保护的外部性效应难以发挥。贺祥民等人 2016 年认为，区域资本要素市场空间整合程度的加深有助于投融资的自由化，有利于区域间专业化分工和规模效应的实现，因而提高了能源利用效率，降低了企业污染排放水平。孙博文等人 2018 年构建了市场分割影响绿色增长效率的综合分析框架，并基于 2003—2014 年长江经济带城市面板数据，运用动态面板模型研究了市场分割对绿色增长效率的影响。结果显示，资本要素市场分割与绿色增长效率之间存在 U 形关系，87% 的样本处于对绿色增长效率提升的不利阶段；进一步研究表明，如果能完全消除资本要素市场分割，将会使绿色增长效率的损失减少 2.389%。王（Wang）等人 2022 年基于 2008 年至 2018 年中国 215 个城市上市公司数据，分析了跨区域投资所形成的资本流动对绿色全要素生产率的影响及其绿色创新机制。研究显示，区域间投资显著提高了资本流入地的绿色全要素生产率；机制分析表明，在区域间投资和资本流入地的绿色全要素生产率之间，绿色专利具有显著的中介效应。

2.3.5 其他效应

洪勇在 2016 年指出，地区间资本要素市场整合水平越高，越能将不同地区的产出以资本性的方式进行分配交换，使某地区特定的产出冲击不至于完全传导至消费，因而能平滑该地区消费，进而在跨期总消费水平不变的条件下提升居民消费的福利水平。王宋涛等人 2017 年使用 1998—2007 年工业企业数据构建了 279 个城市的面板数据，实证研究了要素市场分割对中国劳动收入份额的影响。结果发现，资本要素市场分割随着资本集约度差距的扩大，降低了劳动收入份额。王晓芳和谢贤君在 2018 年认为，资本市场一体化通过规模经济和要素匹配效应提高了要素使用效率，从而对提高就业水平具有显著促进作用。周迪和钟绍军在 2020 年基于构造的条件马尔科夫模型（Markov Model），使用 1996—2014 年长三角地区 66 个县市数据，分析了区域资本流动对长三角城市群经济增长俱乐部趋同的作用。

研究显示，资本跨区域流动水平较低时，低增长城市间俱乐部趋同程度显著加强，区域资本流动水平较高时，高增长城市间俱乐部趋同程度显著加强。许清清等人2020年从产业结构合理化、高级化、高效化三个维度分析了区域资本流动对中国产业结构优化升级的影响。研究结果显示，区域资本流动性越强，对我国产业结构优化升级的直接和间接作用越大。高波和郝少博在2023年基于2000—2013年海关数据库和工业企业数据的匹配数据，使用渐进多重差分法分析了资本要素市场分割在增值税改革对出口产品质量提升上的作用。结果显示，区域资本要素市场分割对增值税改革提升企业出口产品质量具有阻碍作用，各种稳健性检验均支持该结论。

2.4 亟待进一步解决的问题

本书通过对国内外文献的梳理发现，已有研究对中国区域资本要素市场空间整合水平测度、影响因素与机制、各种效应都进行了深入的分析，这为本书的研究奠定了坚实的理论依据和实证基础，但依然有一些未尽之处，主要有以下几点。

第一，现有文献基于不同视角，运用各种方法测度中国资本要素市场空间整合水平时，在一定程度上都存在缺陷。因此，需要在测度方法上展开进一步探索，运用更为科学合理的方法测度区域资本要素市场空间整合水平，作为对现有测度方法的必要补充。

第二，现有文献在研究影响机制时，通常使用简单中介效应模型进行分析，即只考虑解释变量如何通过中介变量对被解释变量产生影响。但现实世界是复杂的，中介变量在发挥中介作用时可能会受到其他变量的调节，该调节效应会对影响机制产生重要作用，而现有研究基本都忽略了这一点。因此，在运用中介效应分析资本要素市场空间整合的影响机制时，需关注其他变量对中介变量的调节作用，将中介效应和调节效应结合起来进行分析。

第三，现有文献在进行效应研究时，通常都集中在经济效应的分析上，对资本要素市场空间整合如何影响社会和民生等方面的研究关注不够；此外，在经济效应的研究中，现有研究大多集中在宏观层面，从微观层面研究资本要素市场空间整合效应的文献比较少见。

3 中国资本要素市场空间整合水平测度

要研究中国资本要素市场空间整合首先必须要回答资本要素市场整合处于什么水平及其变化趋势这一问题，这是研究中国资本要素市场空间整合问题的起点，是该领域相关研究与分析的基础和前提。搞不清楚该问题就无法进一步深入研究诸如资本要素市场空间整合的影响因素、影响机制及各种效应等问题，而对这一问题的回答是建立在对中国资本要素市场空间整合水平进行准确测度的基础上的。很多学者都对中国资本要素市场整合水平进行了测度，但这些学者得到的研究结果并不一致，有的甚至截然相反。为此，笔者拟采用价格法、波动同步法、F-H 法和引力模型法分别对中国资本要素市场空间整合水平进行测度。价格法和波动同步法属于直接法，即利用不同区域资本品价格或资本边际产出差异来直接衡量资本要素市场空间整合水平；F-H 法和引力模型法属于间接法，即通过测度资本在区域间的流动性来间接反映资本要素市场空间整合水平。将以上各种方法的测度结果进行相互比较和验证，这样可以最大限度地保证测度结果的稳健性和可靠性。

3.1 价格法

3.1.1 价格法简介

采用价格法测度资本要素市场空间整合水平具有较好的理论基础，其理论基础为经过萨缪尔森（Samuelson）1954 年提出的"冰山成本"模型修正的"一价定律"。"冰山成本"模型表明地区间的资本品价格既可以同时上升或者同时下降，也可以一升一降，只要地区间资本品相对价格 P_i/P_j 的取值介于某个区间之内，就表明地区间的资本要素市场是整合的。"一价定律"在现实中并不能完全成立，而"冰山成本"模型正是以各种交易成本来说明"一价定律"的失效，即由于存在交易成本，不同地区之间同一资本品的价格会存在差异，地区间资本品的相对价格就会在某个区间内波动。当然，"冰山成本"模型不是对"一价定律"的简单否定，而是在其基础上进行的合理修正。为了表明"冰山成本"模型是对"一价定律"的修正而不是简单否定，笔者以 i、j 两地为例进行简单说明。

假设某种资本品在 i 地的价格为 P_i，其在 j 地的价格为 P_j，资本品在两地间运输会存在成本消耗，就好像融化掉了的"冰山成本"，推而广之，交易中存在的各种成本对资本品价值的消耗都可以看成"冰山成本"，假定该成本消耗为资本品价格的一个比值 c（$0<c<1$），当条件 $P_i < P_j(1-c)$ 或者 $P_j < P_i(1-c)$ 成立时，才会出现套购活动，两地间就会发生该资本品的贸易活动。当上述条件不成立时，两地间资本品的相对价格 P_i/P_j 就落在无套利区间 $[1-c, 1/(1-c)]$ 之内，故即使两地间资本要素市场是整合的，不存在套购的阻碍，该资本品的贸易活动也不会在两地间开展，相对价格 P_i/P_j 也可能不等于1，而是落在一定的区间之内。这说明即使两地的资本品价格不完全相等，两地间的资本要素市场也有可能是整合的。

已有文献使用价格法测度一国资本要素市场空间整合水平时通常采用以下两种方法。第一种方法是对资本品相对价格 P_{it}/P_{jt} 时间序列进行各种单位根检验以检验其平稳性，如果无法拒绝原假设，即对模型 $P_{it}/P_{jt} = \beta P_{i,t-1}/P_{j,t-1} + \varepsilon_t$ 而言，$\beta = 1$ 成立，说明资本品相对价格 P_{it}/P_{jt} 是一个单位根随机过程，即时间序列 P_{it}/P_{jt} 是不平稳的，不平稳时间序列 P_{it}/P_{jt} 的方差随着时间的推移会不断变大，每一次外部的随机冲击都会对相对价格 P_{it}/P_{jt} 产生永久性的影响，使其不能回到无套利区间 $[1-c, 1/(1-c)]$，因此，资本品相对价格 P_{it}/P_{jt} 如果不平稳就表明两地间的资本要素市场是分割的。反之，如果拒绝原假设，则说明相对价格 P_{it}/P_{jt} 是平稳随机过程，其方差是一个常数，不会随着时间推移而发生变化，外部冲击仅在有限的时间内对相对价格 P_{it}/P_{jt} 产生影响，而不会造成永久性的影响。因此，就算受到了外部冲击，经过一段时间后 P_{it}/P_{jt} 还能回到无套利区间，这意味着两地资本要素市场是整合的。此外，还可以计算半衰期①来估计相对价格 P_{it}/P_{jt} 回到无套利区间所需的时间。半衰期是指外部冲击的影响降到一半时所需的时间。半衰期越短，则相对价格 P_{it}/P_{jt} 回到无套利区间所需的时间就越短。检验资本品相对价格的平稳性虽然能对一段时间内资本要素市场的整合状况作出判断，但无法反映出市场在整合过程中的动态特征，因此，需要采用其他方法来研究资本要素市场整合随时间的演变情况。

第二种方法是通过研究资本品相对价格方差 $\mathrm{Var}(P_i/P_j)$ 的变化来反映资本要素市场空间整合的演进情况，它能弥补第一种方法的缺陷。该方法的思想是：如果资本品相对价格方差 $\mathrm{Var}(P_i/P_j)$ 随时间的推移在变小，就意味着相对价格的波动幅度在收窄，"冰山成本" c 是下降的，两地间的资本要素市场整合水平在提高。因此，可用资本品相对价格方差及其变化来作为资本要素市场整合及其演进的衡量指标。

比较前述两种方法，笔者认为资本品相对价格方差 $\mathrm{Var}(P_i/P_j)$ 及其变化能够反映相对价格变化过程中的动态特征，可以反映出资本要素市场空间整合的动态演进过程。此外，帕斯利（Parsley）和魏（Wei）在 2001 年的方法还能够综合多种资本品的价格信息，故可以较全面地衡量资本要素市场的整合状况。所以，本节基于价格法测度我国资本要素市场空间整合水平时采用了帕斯利和魏 2001 年的方法，但与某些文献将市场整合的研究对象仅局限在邻近省份之间不同，笔者将研究对象扩展为中国 30 个省份所有的两两省份之间②。

3.1.2 数据说明及处理

本小节基于价格法测度 2004—2023 年中国资本要素市场空间整合水平时使用的是分地区固定资产投资价格指数数据，固定资产投资品通常包括三类，即建筑安装工程、设备工程和器具及其他资本品，数据来源于历年《中国统计年鉴》。

借鉴帕斯利和魏 2001 年的方法，计算资本品相对价格方差 $\mathrm{Var}(P_i/P_j)$ 的步骤如下：对于任一年份，先计算所有两两省份间 3 类资本品的相对价格 P_{it}/P_{jt}，便可得到 435 个相对价格序列（每个相对价格序列中都含有 3 个相对价格），然后对所得的每个相对价格序列计算其方差，便可得

---

① 半衰期是通过计算式子 $-\ln2/\ln\beta$ 得到的。
② 研究样本为除港澳台和西藏之外的中国其他 30 个省、自治区、直辖市，下同。

到该年份 435 个两两省份间的相对价格方差，对 20 年的时间样本逐年进行计算就能得到 8 700 个相对价格方差。笔者在计算资本品相对价格方差时对相对价格序列先进行了自然对数和绝对值处理，即先对相对价格序列取自然对数，然后对其取绝对值，最后再对相对价格对数的绝对值计算其方差 $\mathrm{Var}(|\ln(P_i/P_j)|)$。根据伍尔德里奇（Wooldridge）2003 年的研究，对相对价格取自然对数可以在某种程度上缓解偏态性和异方差问题。取绝对值的好处在于如果相对价格取对数后两地价格分子分母位置对调会改变对数值的符号，即 $\ln(P_i/P_j)=-\ln(P_j/P_i)$，这意味着两地价格放置位置的不同会改变相对价格方差的大小，而取绝对值后就不会存在这个问题。

桂琦寒等人在 2006 年提出，由于相对价格方差 $\mathrm{Var}(|\ln(P_i/P_j)|)$ 中因资本品异质性所产生的不可加效应会影响其计算的准确性，故需要消除资本品的异质性以使其具有可加性。某种资本品价格的变动一般来源于两个部分：一部分仅与资本品自身的特性有关，另一部分与所在地区市场环境有关。研究资本要素市场空间整合进程，需要的是资本品价格波动中与市场环境相关的那一部分，这就需要剔除价格波动中与其自身特性有关的部分，否则，就可能高估所计算的方差，进而低估资本要素市场整合程度。

因此，笔者拟进行如下处理：假设 $|\ln(P_i/P_j)|$ 由 α_t^k 和 μ_{ijt}^k 两部分构成，上标 k 表示资本品种类（$k=1$，2，3），α_t^k 是仅与资本品种类相关的部分，μ_{ijt}^k 是与 i、j 两地市场环境相关的部分。要消除 α_t^k，可以对给定年份某种资本品的 $|\ln(P_i/P_j)|$ 在所有 435 个省份对（province pair）之间求其均值 $\overline{|\ln(P_i/P_j)|}$，然后再用该种资本品 435 个 $|\ln(P_i/P_j)|$ 都减去其均值，即 $|\ln(P_i/P_j)|-\overline{|\ln(P_i/P_j)|}=\mu_{ijt}^k$。最终，笔者使用 μ_{ijt}^k 来计算方差 $\mathrm{Var}(\mu_{ijt}^k)$，用以衡量资本要素市场整合程度及其演进状况。

3.1.3　测度结果及分析

3.1.3.1　全国及三大地区资本要素市场空间整合情况分析

根据前述价格法的计算步骤，笔者测度了 2004—2023 年中国及东、中、西部地区按年平均的资本品相对价格方差 $\mathrm{Var}(\mu_{ijt}^{k})$ ①。图 3.1 展示了相关的测试结果。从图中可以看到，2004—2013 年，中国 30 个省份资本品的相对价格方差总体呈现出明显下降趋势，表明该时期中国资本要素市场空间整合水平有了明显提高，资本要素市场化改革成效显著。这对加快全国统一大市场建设，早日实现国内大循环有重要帮助。笔者以 2013 年为时间节点将 2004—2023 年划分为前后两个十年来看，2004—2013 年，中国 30 个省份资本品相对价格方差虽然总体呈现出了下降趋势，但在某些年份曾出现了短暂的上升势头，特别是 2008 年国际金融危机期间，资本品相对价格方差出现了较大幅度的上升，说明 2004—2013 年资本要素市场在走向整合过程中存在一定的反复。2014—2023 年，中国 30 个省份资本品相对价格方差呈现出逐年下降的走势，且下降幅度也比 2004—2013 年要大，说明这一时期资本要素市场整合进程比较顺畅。在图 3.1 中，笔者还分别给出了东、中、西部三大地区 2004—2023 年资本品相对价格方差走势情况。三大地区资本品相对价格方差的变化均与全国的情况相似，且三大地区的走势与全国也同步，这表明东、中、西部地区的资本要素市场整合状况与全国的总体状况基本保持一致。

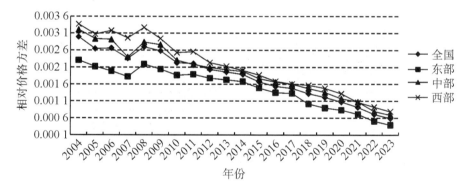

图 3.1　2004—2023 年中国及三大地区资本品相对价格方差走势情况

3.1.3.2　各省份资本要素市场空间整合情况分析

笔者在前一小节中对中国及东、中、西部地区资本要素市场空间整合情况进行了分析。在本小节，笔者拟对每个省份的资本要素市场整合情况

---

①　东部地区包括北京、天津、河北、辽宁、上海、江苏、浙江、福建、山东、广东、海南 11 个省份；中部地区包括山西、黑龙江、吉林、安徽、江西、河南、湖北、湖南 8 个省份；西部地区包括内蒙古、广西、重庆、四川、贵州、云南、陕西、甘肃、青海、宁夏、新疆 11 个省份。

进行分析。为了得到 30 个省份在每一年的资本品相对价格方差，需要对每一年的 435 个相对价格方差按省份进行归集，计算出每个省份与其余所有省份相对价格方差的均值，便可获取 30 个省份资本品相对价格方差在样本期中每一年的均值，这样就可以逐一对每个省份在 2004—2023 年的资本要素市场整合情况进行分析。30 个省份在 2004—2023 年资本品相对价格方差及其演进情况如图 3.2~图 3.4 所示。

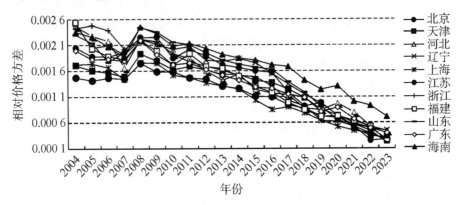

图 3.2　2004—2023 年东部 11 个省份资本品相对价格方差走势情况

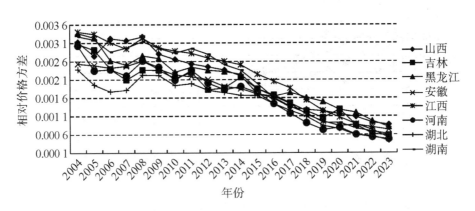

图 3.3　2004—2023 年中部 8 个省份资本品相对价格方差走势情况

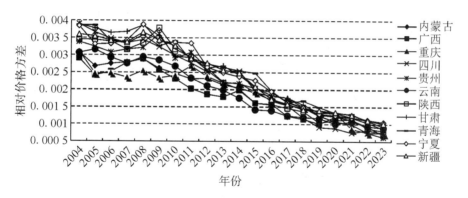

图 3.4 2004—2023 年西部 11 个省份资本品相对价格方差走势情况

根据图 3.2~图 3.4 可知,30 个省份资本品相对价格方差在 2004—2023 年都出现了比较明显的下降趋势,除了为数不多的几个省份外,其他省份资本品相对价格方差的走势与全国的走势基本保持一致。各省份资本要素市场整合进程都并非一帆风顺,30 个省份资本要素市场整合进程在 2004—2013 年都存在较大起伏,该时期资本品相对价格方差虽有所下降,但是下降幅度都不算太大;而在 2014—2023 年,30 个省份资本品相对价格方差均出现了逐年下降的趋势,并且该时期资本品相对价格方差的下降幅度明显高于 2004—2013 年。对东、中、西部地区的省份而言,其资本要素市场整合水平存在明显差异,在样本期的任何一个年份,东部省份资本要素市场整合水平几乎都高于中西部省份。东部省份较高的经济发展水平和较快的资本要素市场化改革步伐是其整合水平较高的主要原因。虽然中西部省份资本要素市场整合水平比东部省份低,但在 2004—2023 年,中西部省份资本要素市场整合水平的提高程度基本都比东部省份高,并且随着时间的推移,中西部省份资本要素市场整合水平也在逐年接近东部省份,这与中西部省份凭借"政策东风"充分发挥后发优势、不断借鉴东部省份资本要素市场化改革的先进经验是密不可分的。

3.1.3.3 省份对资本要素市场空间整合情况分析

为了研究省份对(省份—省份)在 2004—2023 年资本要素市场空间整合情况,笔者计算了 2004—2023 年 435 个省份对资本品相对价格方差按年份平均的均值,这能帮助我们搞清楚不同省份对资本要素市场整合的详细情况。计算结果如表 3.1 所示。

表 3.1 2004—2023 年 435 个省份对资本品相对价格方差均值

省份对	方差均值	省份对	方差均值	省份对	方差均值	省份对	方差均值
北京—天津	0.000 369	北京—河北	0.000 623	北京—山西	0.001 812 6	北京—内蒙古	0.001 746 5
北京—辽宁	0.001 400 4	北京—吉林	0.001 438 5	北京—黑龙江	0.001 216 8	北京—上海	0.000 913 5
北京—江苏	0.001 254 6	北京—浙江	0.001 349 25	北京—安徽	0.001 742 4	北京—福建	0.001 492 75
北京—江西	0.001 807 2	北京—山东	0.001 655 5	北京—河南	0.001 510 2	北京—湖北	0.001 429 75
北京—湖南	0.001 630 8	北京—广东	0.001 324 75	北京—广西	0.001 850 4	北京—海南	0.001 580 25
北京—重庆	0.001 778 4	北京—四川	0.001 783 25	北京—贵州	0.001 584	北京—云南	0.001 571 5
北京—陕西	0.001 459 8	北京—甘肃	0.001 893 5	北京—青海	0.001 899	北京—宁夏	0.001 965 25
北京—新疆	0.002 026 8	天津—河北	0.000 845 25	天津—山西	0.001 908	天津—内蒙古	0.001 655 5
天津—辽宁	0.001 605 6	天津—吉林	0.001 799	天津—黑龙江	0.001 600 2	天津—上海	0.000 932 75
天津—江苏	0.000 937 2	天津—浙江	0.000 843 5	天津—安徽	0.000 639	天津—福建	0.000 987
天津—江西	0.001 593	天津—山东	0.001 515 5	天津—河南	0.001 323	天津—湖北	0.001 375 5
天津—湖南	0.001 827	天津—广东	0.000 745 5	天津—广西	0.001 812 6	天津—海南	0.001 904
天津—重庆	0.001 918 8	天津—四川	0.001 615 25	天津—贵州	0.002 124	天津—云南	0.002 021 25
天津—陕西	0.001 783 8	天津—甘肃	0.001 900 5	天津—青海	0.002 064 6	天津—宁夏	0.001 907 5
天津—新疆	0.001 864 8	河北—山西	0.000 928 25	河北—内蒙古	0.002 232	河北—辽宁	0.001 407
河北—吉林	0.001 780 2	河北—黑龙江	0.002 691 5	河北—上海	0.001 823 4	河北—江苏	0.001 716 75
河北—浙江	0.001 740 6	河北—安徽	0.002 210 25	河北—福建	0.002 075 4	河北—江西	0.002 471
河北—山东	0.001 355 4	河北—河南	0.002 255 75	河北—湖北	0.002 066 4	河北—湖南	0.002 784 25
河北—广东	0.001 62	河北—广西	0.002 756 25	河北—海南	0.002 575 8	河北—重庆	0.002 658 25
河北—四川	0.002 455 2	河北—贵州	0.002 080 75	河北—云南	0.002 140 2	河北—陕西	0.003 206
河北—甘肃	0.002 359 8	河北—青海	0.002 721 25	河北—宁夏	0.002 601	河北—新疆	0.002 213 75
山西—内蒙古	0.002 419 2	山西—辽宁	0.002 357 25	山西—吉林	0.002 169	山西—黑龙江	0.002 471
山西—上海	0.001 557	山西—江苏	0.001 391 25	山西—浙江	0.001 778 4	山西—安徽	0.002 611
山西—福建	0.001 35	山西—江西	0.002 278 5	山西—山东	0.002 140 2	山西—河南	0.002 217 25
山西—湖北	0.001 677 6	山西—湖南	0.001 723 75	山西—广东	0.001 357 2	山西—广西	0.002 366
山西—海南	0.003 081 6	山西—重庆	0.002 773 75	山西—四川	0.002 664	山西—贵州	0.002 451 75
山西—云南	0.002 836 8	山西—陕西	0.002 856	山西—甘肃	0.002 732 4	山西—青海	0.002 665 25
山西—宁夏	0.002 817	山西—新疆	0.002 591 75	内蒙古—辽宁	0.002 410 2	内蒙古—吉林	0.002 777 25
内蒙古—黑龙江	0.002 622 6	内蒙古—上海	0.001 842 75	内蒙古—江苏	0.002 572 2	内蒙古—浙江	0.001 639 75
内蒙古—安徽	0.002 350 8	内蒙古—福建	0.002 563 75	内蒙古—江西	0.002 392 2	内蒙古—山东	0.001 380 75
内蒙古—河南	0.002 064 6	内蒙古—湖北	0.002 744	内蒙古—湖南	0.002 619	内蒙古—广东	0.001 545 25
内蒙古—广西	0.002 770 2	内蒙古—海南	0.003 220 75	内蒙古—重庆	0.003 169 8	内蒙古—四川	0.002 226
内蒙古—贵州	0.002 692 8	内蒙古—云南	0.002 506	内蒙古—陕西	0.002 368 8	内蒙古—甘肃	0.002 252 25
内蒙古—青海	0.002 736	内蒙古—宁夏	0.002 448 25	内蒙古—新疆	0.002 295	辽宁—吉林	0.001 463
辽宁—黑龙江	0.001 092 6	辽宁—上海	0.001 778	辽宁—江苏	0.001 593	辽宁—浙江	0.001 062 25
辽宁—安徽	0.001 337 4	辽宁—福建	0.001 466 5	辽宁—江西	0.002 341 8	辽宁—山东	0.002 017 75
辽宁—河南	0.002 480 4	辽宁—湖北	0.001 531 5	辽宁—湖南	0.002 093 4	辽宁—广东	0.001 296 75
辽宁—广西	0.002 152 8	辽宁—海南	0.003 108	辽宁—重庆	0.002 964 6	辽宁—四川	0.002 220 75
辽宁—贵州	0.002 617 2	辽宁—云南	0.002 315 25	辽宁—陕西	0.002 165 4	辽宁—甘肃	0.002 338

表3.1(续)

省份对	方差均值	省份对	方差均值	省份对	方差均值	省份对	方差均值
辽宁—青海	0.002 736	辽宁—宁夏	0.002 894 5	辽宁—新疆	0.002 743 2	吉林—黑龙江	0.001 295
吉林—上海	0.001 612 8	吉林—江苏	0.001 587 25	吉林—浙江	0.002 145 6	吉林—安徽	0.002 094 75
吉林—福建	0.003 006	吉林—江西	0.002 432 5	吉林—山东	0.002 282 4	吉林—河南	0.002 728 25
吉林—湖北	0.002 100 6	吉林—湖南	0.003 050 25	吉林—广东	0.001 083 6	吉林—广西	0.002 338
吉林—海南	0.003 085	吉林—重庆	0.002 572 5	吉林—四川	0.002 449 4	吉林—贵州	0.002 290 75
吉林—云南	0.002 768 4	吉林—陕西	0.002 168 25	吉林—甘肃	0.002 149 2	吉林—青海	0.002 486 75
吉林—宁夏	0.002 349	吉林—新疆	0.003 171	黑龙江—上海	0.001 587 2	黑龙江—江苏	0.001 669 5
黑龙江—浙江	0.001 485	黑龙江—安徽	0.002 164 75	黑龙江—福建	0.002 043	黑龙江—江西	0.002 423 75
黑龙江—山东	0.002 170 8	黑龙江—河南	0.002 523 5	黑龙江—湖北	0.002 401 2	黑龙江—湖南	0.002 838 5
黑龙江—广东	0.003 159	黑龙江—广西	0.002 514 75	黑龙江—海南	0.002 390 4	黑龙江—重庆	0.002 516 5
黑龙江—四川	0.002 518 2	黑龙江—贵州	0.002 605 75	黑龙江—云南	0.002 491 2	黑龙江—陕西	0.002 287 25
黑龙江—甘肃	0.002 656 8	黑龙江—青海	0.002 474 5	黑龙江—宁夏	0.002 345 4	黑龙江—新疆	0.003 216 5
上海—江苏	0.000 597 6	上海—浙江	0.000 628 3	上海—安徽	0.001 845	上海—福建	0.001 676 5
上海—江西	0.001 882 8	上海—山东	0.001 324 75	上海—河南	0.001 182 6	上海—湖北	0.001 485 5
上海—湖南	0.001 663 2	上海—广东	0.000 918 75	上海—广西	0.001 999 8	上海—海南	0.001 877 75
上海—重庆	0.001 234 8	上海—四川	0.001 713 25	上海—贵州	0.001 886 4	上海—云南	0.001 905 75
上海—陕西	0.001 728	上海—甘肃	0.002 000 25	上海—青海	0.001 855 8	上海—宁夏	0.001 653 75
上海—新疆	0.001 681 2	江苏—浙江	0.000 637 2	江苏—安徽	0.001 337 4	江苏—福建	0.000 880 25
江苏—江西	0.001 665	江苏—山东	0.000 852 25	江苏—河南	0.001 585 8	江苏—湖北	0.001 716 5
江苏—湖南	0.001 825 2	江苏—广东	0.000 967 75	江苏—广西	0.002 529	江苏—海南	0.001 650 25
江苏—重庆	0.002 037 6	江苏—四川	0.002 478	江苏—贵州	0.002 289 6	江苏—云南	0.002 544 5
江苏—陕西	0.002 322	江苏—甘肃	0.002 642 5	江苏—青海	0.002 471 4	江苏—宁夏	0.003 045
江苏—新疆	0.001 996 2	浙江—安徽	0.001 155	浙江—福建	0.000 981	浙江—江西	0.001 995
浙江—山东	0.001 200 6	浙江—河南	0.001 351	浙江—湖北	0.001 200 6	浙江—湖南	0.001 366 75
浙江—广东	0.000 777 6	浙江—广西	0.001 554	浙江—海南	0.001 722 6	浙江—重庆	0.001 706 25
浙江—四川	0.001 733 4	浙江—贵州	0.001 515 5	浙江—云南	0.002 242 8	浙江—陕西	0.002 122 75
浙江—甘肃	0.001 546 2	浙江—青海	0.002 166 5	浙江—宁夏	0.002 032 2	浙江—新疆	0.002 261
安徽—福建	0.001 382 4	安徽—江西	0.002 474 5	安徽—山东	0.002 323 8	安徽—河南	0.001 667 75
安徽—湖北	0.002 217 6	安徽—湖南	0.003 036 25	安徽—广东	0.001 434 6	安徽—广西	0.002 439 5
安徽—海南	0.002 217 6	安徽—重庆	0.002 553 25	安徽—四川	0.002 372 4	安徽—贵州	0.002 541
安徽—云南	0.003 015	安徽—陕西	0.002 317	安徽—甘肃	0.002 124	安徽—青海	0.002 710 75
安徽—宁夏	0.002 304	安徽—新疆	0.003 193 75	福建—江西	0.001 647	福建—山东	0.001 188 25
福建—河南	0.002 053 8	福建—湖北	0.002 611	福建—湖南	0.002 496 6	福建—广东	0.000 693
福建—广西	0.001 504 8	福建—海南	0.001 671 25	福建—重庆	0.002 079	福建—四川	0.002 418 5
福建—贵州	0.002 367	福建—云南	0.001 590 75	福建—陕西	0.001 794 6	福建—甘肃	0.002 245 5
福建—青海	0.002 932 2	福建—宁夏	0.001 456	福建—新疆	0.002 34	江西—山东	0.001 739 5
江西—河南	0.002 140 2	江西—湖北	0.001 309	江西—湖南	0.001 488 6	江西—广东	0.000 712 25
江西—广西	0.001 724 4	江西—海南	0.002 791 25	江西—重庆	0.002 624 4	江西—四川	0.002 350 25
江西—贵州	0.002 512 8	江西—云南	0.002 597	江西—陕西	0.002 475	江西—甘肃	0.002 430 75

表3.1(续)

省份对	方差均值	省份对	方差均值	省份对	方差均值	省份对	方差均值
江西—青海	0.002 714 4	江西—宁夏	0.002 873 5	江西—新疆	0.002 770 2	山东—河南	0.001 12
山东—湖北	0.001 533 6	山东—湖南	0.001 305 5	山东—广东	0.000 797 6	山东—广西	0.001 485 75
山东—海南	0.001 758 6	山东—重庆	0.002 059 75	山东—四川	0.002 259	山东—贵州	0.002 360 75
山东—云南	0.002 874 6	山东—陕西	0.002 262 75	山东—甘肃	0.002 104 2	山东—青海	0.002 889 25
山东—宁夏	0.002 800 8	山东—新疆	0.002 833 25	河南—湖北	0.000 921 6	河南—湖南	0.001 083 25
河南—广东	0.001 717 2	河南—广西	0.002 485	河南—海南	0.002 298 6	河南—重庆	0.002 754 5
河南—四川	0.002 205	河南—贵州	0.002 500 75	河南—云南	0.002 311 2	河南—陕西	0.003 123 75
河南—甘肃	0.002 212 2	河南—青海	0.002 679 25	河南—宁夏	0.002 491 2	河南—新疆	0.001 608 25
湖北—湖南	0.000 997 2	湖北—广东	0.001 144 5	湖北—广西	0.001 346 4	湖北—海南	0.001 648 5
湖北—重庆	0.001 236 6	湖北—四川	0.001 267	湖北—贵州	0.001 814 4	湖北—云南	0.001 583 75
湖北—陕西	0.001 445 4	湖北—甘肃	0.001 942 5	湖北—青海	0.002 498 4	湖北—宁夏	0.003 144 75
湖北—新疆	0.001 904 4	湖南—广东	0.000 894 25	湖南—广西	0.001 389 6	湖南—海南	0.001 505
湖南—重庆	0.001 639 8	湖南—四川	0.001 184 75	湖南—贵州	0.002 091 6	湖南—云南	0.002 236 5
湖南—陕西	0.001 580 4	湖南—甘肃	0.002 164 75	湖南—青海	0.002 341 8	湖南—宁夏	0.002 982
湖南—新疆	0.002 304	广东—广西	0.000 679	广东—海南	0.001 024 2	广东—重庆	0.001 293 25
广东—四川	0.000 907 2	广东—贵州	0.000 715 75	广东—云南	0.001 081 8	广东—陕西	0.001 503 25
广东—甘肃	0.001 850 4	广东—青海	0.001 774 5	广东—宁夏	0.002 127 6	广东—新疆	0.001 625 5
广西—海南	0.001 796 4	广西—重庆	0.001 426 25	广西—四川	0.001 400 4	广西—贵州	0.001 683 5
广西—云南	0.001 524 6	广西—陕西	0.002 114	广西—甘肃	0.002 309 4	广西—青海	0.002 614 5
广西—宁夏	0.003 038 4	广西—新疆	0.001 669 5	海南—重庆	0.001 839 6	海南—四川	0.002 033 5
海南—贵州	0.001 717 2	海南—云南	0.001 951 25	海南—陕西	0.001 742 4	海南—甘肃	0.002 115 75
海南—青海	0.003 083 4	海南—宁夏	0.002 425 5	海南—新疆	0.002 244 6	重庆—四川	0.000 876 75
重庆—贵州	0.001 092 6	重庆—云南	0.001 302	重庆—陕西	0.001 647	重庆—甘肃	0.002 313 5
重庆—青海	0.002 341 8	重庆—宁夏	0.001 757	重庆—新疆	0.002 286	四川—贵州	0.001 587 25
四川—云南	0.001 164 6	四川—陕西	0.001 561	四川—甘肃	0.002 25	四川—青海	0.002 324
四川—宁夏	0.002 588 4	四川—新疆	0.001 737 75	贵州—云南	0.002 437 2	贵州—陕西	0.002 887 5
贵州—甘肃	0.002 462 4	贵州—青海	0.003 224 25	贵州—宁夏	0.002 674 8	贵州—新疆	0.002 686 25
云南—陕西	0.003 207 8	云南—甘肃	0.002 691 5	云南—青海	0.002 523 6	云南—宁夏	0.003 071 25
云南—新疆	0.002 241	陕西—甘肃	0.001 541 75	陕西—青海	0.002 289 6	陕西—宁夏	0.001 627 5
陕西—新疆	0.001 675 8	甘肃—青海	0.002 236 5	甘肃—宁夏	0.002 098 8	甘肃—新疆	0.002 667
青海—宁夏	0.003 146 4	青海—新疆	0.003 226 25	宁夏—新疆	0.002 674 8		

数据来源:由笔者根据相关资料计算整理所得。

由表3.1可知,2004—2013年,在435个省份对资本品相对价格方差中,均值最小的前五个省份对分别是:北京—天津、上海—江苏、北京—河北、上海—浙江、江苏—浙江,表明这几个省份对的资本要素市场整合水平居于前列。北京—天津、北京—河北这两个省份对的整合水平排名领先,表明京津冀资本要素市场一体化进程有了较快发展;上海—江苏、上海—浙江、江苏—浙江这三个省份对的整合水平排名较前，说明长三角区域一体化发展战略得到了有效实施。资本品相对价格方差均值最大的前五个省份对分别是：青海—新疆、贵州—青海、内蒙古—海南、黑龙江—新疆、云南—陕西，说明这几个省份对的资本要素市场整合进程发展较慢。笔者发现，这五个省份对基本都包含了地理位置比较偏远的省份，如青海、新疆、贵州、内蒙古、海南、黑龙江、云南，表明地理位置在资本要素市场整合中具有了举足轻重的作用。此外，不同省份对之间资本品相对价格方差均值的差异也相对较大，方差最大的省份对为青海—新疆，其相对价格方差均值为 0.003 226，大约为方差最小的省份对北京—天津的相对价格方差均值 0.000 369 的 8.7 倍，这表明不同省份对资本要素市场整合水平之间存在较大差异。仔细观察表 3.1 可知，相邻省份对的资本品相对价格方差均值通常比非相邻省份对要小一些，这表明相邻省份间的资本要素市场整合水平要高于非相邻的省份，主要是因为相邻省份间的地理距离更近，资本要素跨省流动的成本更低；此外，相邻省份间存在相近的文化、习俗、方言，这也是相邻省份间资本要素市场整合水平更高的原因。

3.2 波动同步法

不同地区资本要素市场空间整合水平还可以用地区间资金价格差异加以衡量，虽然利率是最常用的资金价格衡量标准，但我国存贷款基准利率统一由中国人民银行确定，在不同区域均相同，因此，无法用地区间利率差异来反映资本要素市场空间整合水平。在要素市场中，完全竞争市场的均衡条件为要素的边际收益等于边际成本，对资本而言，其边际收益等于资本边际产出与商品价格之积，其边际成本等于利率，因此在均衡时，资本边际产出等于利率与商品价格之比，即实际利率，因此很多学者便使用资本边际产出代替利率水平，用不同地区资本边际产出差异来衡量资本要素市场空间整合水平。

这样测度资本要素市场空间整合水平也面临如下问题：即使资本要素市场是完全整合的，资本可以跨区域自由流动，资本边际产出还会受地区政策环境、资源禀赋、技术水平、市场风险、税收负担等诸多因素的影响，区域间资本边际产出也会存在差异，故仅用资本边际产出差异衡量资本要素市场整合水平会存在低估的可能。

因此，笔者将使用波动同步法来考察资本要素市场整合水平。其基本思想是：随着资本要素市场整合水平的提高，资本能愈发自由地在区域间流动，不同地区资本边际产出的波动应该更加同步；反之，区域间资本边际产出的波动同步性会下降。接下来，笔者拟采用相关系数法和同步化指数法分别测度资本要素市场空间整合水平。

3.2.1 相关系数法

相关系数法通过计算不同地区资本边际产出的相关系数来反映地区间资本边际产出的波动同步程度，从而衡量不同地区资本要素市场空间整合水平。该方法存在一个明显的缺陷：即使计算得到的相关系数较大，也不意味着地区间资本边际产出的波动同步性一定较强。原因在于，如果地区间资本边际产出具有相同的发展趋势，较大的相关系数可能只是地区间共同趋势的体现，不一定说明它们的资本边际产出存在较强的同步性。为此，笔者拟使用 H-P 滤波方法，从资本边际产出原序列中先剔除趋势成分，然后用原序列减去趋势成分就可获得波动（周期）成分，再对周期成分计算地区间的相关系数，这样得到的相关系数就可以用来揭示地区间资本边际产出的波动同步性。

3.2.1.1　H-P 滤波方法

通常经济指标月度或季度时间序列（Y_t）一般包含4种要素：长期趋势成分 Y^T、周期循环成分 Y^C、季节变动成分 Y^S 和不规则成分 Y^I，即 $Y_t = Y^T + Y^C + Y^S + Y^I$。对年度数据而言，季节成分会以不变的规律在所有年份内重复出现，故分析年度数据时可以不用考虑季节成分，此时，经济指标的时间序列可以分解为 $Y = Y^T + Y^C + Y^I$。为了计算不同地区资本边际产出的波动同步性，需要从原序列中将周期循环成分 Y^C 分离出来，然后再对分离出的周期循环成分进行相关性分析。H-P 滤波方法恰好能实现将周期循环成分从原始序列中分离出来的功能。H-P 滤波的基本原理是将周期波动看成对某种单调增长路径的偏离，单调增长路径就是"趋势成分"，对该"趋势成分"的偏离即所谓的"周期成分"。根据霍德里克（Hodrick）和普雷斯科特（Prescott）1980 年的研究，H-P 滤波可以获得原始序列中的趋势成分与不规则成分叠加而成的合成序列，即 $Y^M = Y^T + Y^I$，再从原序列中剔除合成序列 Y^M，就可以得到周期循环成分 Y^c。以下简要介绍该方法的原理。

设 $\{Y_t\}$ 是包含趋势成分和周期成分的经济时间序列，$\{Y_t^T\}$ 表示趋势成分，$\{Y_t^C\}$ 表示周期成分①。一般地，时间序列 $\{Y_t\}$ 中不可观测的趋势成分 $\{Y_t^T\}$ 通常被定义为以下最小化问题的解：

$$\min \sum_{t=1}^{T} \{ (Y_t - Y_t^T)^2 + \lambda [c(L) Y_t^T]^2 \} \qquad (3.1)$$

其中，$c(L)$ 为滞后算子多项式，λ 为平滑参数，表示趋势成分和周期成分的权重。

$$c(L) = (L^{-1} - 1) - (1 - L) \qquad (3.2)$$

将式（3.2）带入式（3.1），则 H-P 滤波的问题就是使下面损失函数最小，即

$$\min \{ \sum_{t=1}^{T} (Y_t - Y_t^T)^2 + \lambda \sum_{t=2}^{T-1} [(Y_{t+1}^T - Y_t^T) - (Y_t^T - Y_{t-1}^T)]^2 \} \qquad (3.3)$$

最小化问题用 $[c(L) Y_t^T]^2$ 来调整趋势成分的变化，并随 λ 的增加而增加。H-P 滤波的输出结果依赖于参数 λ，其参数值需要先验给定，这里有一个权衡问题，即要在趋势光滑程度与趋势成分对原序列的跟踪程度之间作一个选择。当 $\lambda = 0$ 时，使得式（3.3）达到最小的趋势序列，其就是 $\{Y_t\}$ 本身；随着 λ 的增大，趋势序列将越来越光滑；当 λ 趋于无穷大时，趋势序列将接近于线性函数。国内外学者对 λ 的经验取值一般遵循：年度数据取值为 100，季度数据取值为 1 600，月度数据取值为 14 400。本书所使用的是年度数据，因此，按照通常做法，本书的 λ 取值为 100。

计算相关系数时需要用到的各地区资本边际产出，笔者拟使用如下式（3.4）计算得到。

$$MPK_{it} = E_{it} \times (Y_{it} / K_{it}) \qquad (3.4)$$

其中，MPK_{it} 表示地区 i 在时期 t 的资本边际产出，E_{it} 表示地区 i 在时期 t 的资本产出弹性（资本份额），Y_{it} 表示地区 i 在时期 t 的地区生产总值，K_{it} 表示地区 i 在时期 t 的资本存量（使用永续盘存法进行估算），对于资本产出弹性或资本份额 E_{it}，笔者拟使用逻辑关系法计算得到。逻辑关系法基于柯布—道格拉斯生产函数，并假定规模报酬不变，利用资本份额与劳动份额之和为 1 的关系式，间接计算出资本份额，即资本份额＝1-劳动份额＝1-劳动报酬/地区生产总值，相关数据来源于"收入法"下的 GDP 核算数

---

① 这里的趋势成分已经包含了不规则成分。

据。该方法的优点是不同地区不同时期的资本份额均有变化。

3.2.1.2 测度结果及分析

根据上述方法，笔者对中国大陆 30 个省份 2004—2023 年资本边际产出进行 H-P 滤波以分离出其周期成分，然后再对 30 个省份资本边际产出的周期成分两两计算得出相关系数，结果如图 3.5 所示。

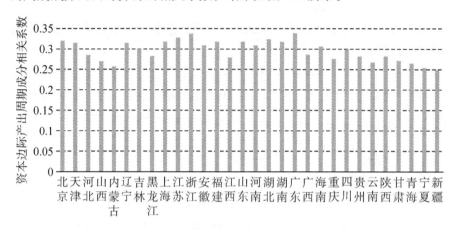

图 3.5　2004—2023 年中国 30 个省份资本边际产出的波动同步性

由图 3.5 可知，2004—2023 年中国大陆 30 个省份资本边际产出周期成分的相关系数值为 0.249~0.338，30 个省份相关系数的均值为 0.296，对一国内部而言，其相关程度明显偏低，表明中国大陆 30 个省份间资本边际产出的同步性较弱，这意味着资本要素市场空间整合水平较低[①]。分地区看，东部省份的相关系数基本都高于中西部省份，这与之前用价格法分析所得的结论是一致的。

通过对资本边际产出进行 H-P 滤波以获得其周期成分，然后再计算相关系数可以避免直接计算资本边际产出相关系数的弊端，但该方法还存在缺陷，即它只能反映出一段时期内资本边际产出同步性的绝对水平，却无法捕捉这段时期内波动同步性的变化趋势。为此，笔者以 2013 年为时间节点将 2004—2023 年划分为 2004—2013 年、2014—2023 年两个阶段，分别计算这两个时期经 H-P 滤波后资本边际产出的相关系数，结果如图 3.6、图 3.7 所示。

---

① 图 3.5 中某个省份的相关系数是该省份与其余 29 个省份相关系数的均值；全国的相关系数是在 30 个省份计算得到相关系数的基础上，再计算其均值得到。

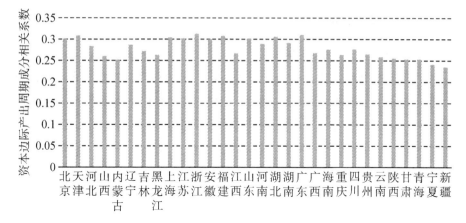

图 3.6　2004—2013 年中国大陆 30 个省份资本边际产出的波动同步性

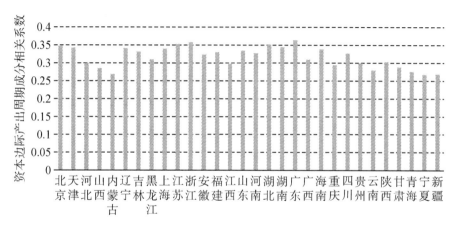

图 3.7　2014—2023 年中国大陆 30 个省份资本边际产出的波动同步性

　　由图 3.6、图 3.7 可知，2004—2013 年 30 个省份资本边际产出周期成分的相关系数值为 0.235～0.310，30 个省份相关系数的均值为 0.279；2014—2023 年 30 个省份资本边际产出周期成分的相关系数值为 0.268-0.364，30 个省份相关系数的均值为 0.317。从时间趋势上看，2014—2023 年 30 个省份资本边际产出的同步性比 2004—2013 年有所增强，表明 30 个省份间资本要素市场是趋于整合的。

3.2.2 同步化指数法

3.2.2.1 同步化指数法简介

计算经 H-P 滤波后的省份间资本边际产出的相关系数虽然能避免直接计算相关系数的弊端，但该方法依然存在缺陷，即它不能反映省份之间在任意单一年份资本边际产出的相关关系，因而只能适用于横截面数据分析。当然，也可以将时间样本人为地划分为若干期以获得面板数据进行研究，但这种人为地划分又存在以下三个问题：①时间分割点的选择存在很强的主观随意性；②选择的时间分割点个数不可能太多，这就无法将时间样本进行很细致的划分，从而无法密切跟踪同步化水平的变化趋势；③会损失较多的样本观测次数。有鉴于此，接下来笔者拟采用塞凯拉（Cerqueira）和马丁斯（Martins）在 2009 年提出的同步化指数法（C-M 同步化指数法）对中国大陆 30 个省份资本边际产出的同步性进行测算，从而更准确地衡量资本要素市场空间整合水平。

该方法是赛凯拉（Cerqueira）和马丁斯（Martins）2009 年在研究 20 个经济合作与发展组织（OECD）经济体 1970—2002 年经济周期同步性的论文中所提出的，其形式见式（3.5）。

$$\rho_{ijt} = 1 - \frac{1}{2}\left[\frac{(\mathrm{MPK}_{jt} - \overline{\mathrm{MPK}_j})}{\sqrt{\frac{1}{T}\sum_{i=1}^{T}(\mathrm{MPK}_{jt} - \overline{\mathrm{MPK}_j})^2}} - \frac{(\mathrm{MPK}_{it} - \overline{\mathrm{MPK}_i})}{\sqrt{\frac{1}{T}\sum_{j=1}^{T}(\mathrm{MPK}_{it} - \overline{\mathrm{MPK}_i})^2}}\right]^2$$

$$(3.5)$$

上式中，ρ_{ijt} 为同步化指数，表示在 t 时期省份 i 和 j 之间资本边际产出的关联性，MPK_{it}、MPK_{jt} 分别表示省份 i 与省份 j 在 t 年资本边际产出的增长率，其数据通过前述式（3.4）先算出资本边际产出，然后再计算其增长率得到，$\overline{\mathrm{MPK}_i}$、$\overline{\mathrm{MPK}_j}$ 分别表示省份 i 与 j 在样本期内资本边际产出增长率的均值。ρ_{ijt} 的取值范围为 $(-\infty, 1]$，其值越大，表明省份间资本边际产出越同步，资本要素市场空间整合水平越高；反之则反。使用 C-M 同步化指数来衡量资本边际产出同步性有如下几个优点：①该指数能密切追踪资本边际产出同步性的变化，即它可以识别省份间任意单一年份资本边际产出间的相关关系；②不需要人为地设定时间分割点就能使用面板数据展开分析；③不会损失样本观测数。

3.2.2.2　测度结果及分析

2004—2023 年中国大陆 30 个省份间资本边际产出同步性的计算结果如图 3.8 所示。从图 3.8 中可以发现，2004—2023 年 30 个省份间资本边际产出的同步性有所上升，表明资本要素市场空间整合水平在该时期有所提高，资本要素市场化改革有了一定进展，这有利于加快全国统一大市场建设和早日实现国内大循环。但在资本要素市场整合水平总体呈现上升趋势的背景下，某些年份也出现了短暂的下降走势，其中 2008 年和 2020 年的下降尤为明显。2008 年资本要素市场整合水平下降应该与当时席卷世界的国际金融危机有关；而 2020 年资本要素市场整合水平下降在很大程度上可能是由当时暴发的新冠疫情引起的。2020 年新冠疫情爆发时，由于对刚出现的疫情不甚了解，同时疫苗也没有被研发出来，为了阻断疫情的传播，全国很多地方都采取了封锁措施，严格限制人员往来，这当然也会对资本要素在省份间的自由流动造成阻碍，因而造成了资本要素市场整合水平下降。

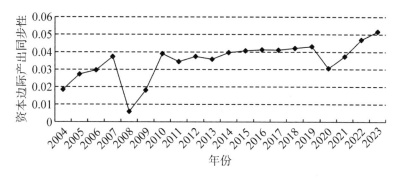

图 3.8　2004—2023 年 30 个省份资本边际产出同步性水平

3.3　F-H 法

F-H 法通过分析投资与储蓄间的关系以反映资本流动性，从而间接衡量资本要素市场空间整合水平。其基本思想是：假如资本在一国内部可以完全自由流动，那么某个地区的储蓄会寻找回报率最高的地区进行投资，其投资不会完全依赖于该地区的储蓄，故在资本完全自由流动条件下，某个地区的投资与储蓄之间不应存在显著的相关性；反之，如果资本不能自由流动，那么某个地区的投资资金则主要来源于该地区的储蓄，该地区的投资与储蓄之间就会高度相关。在经验研究中，F-H 模型通常采用如式（3.6）所示的形式。

$$I_{it} = \alpha + \beta S_{it} + \varepsilon_{it} \tag{3.6}$$

其中，I_{it}、S_{it} 分别代表地区 i 在时期 t 的投资率（用地区投资除以地区生产总值表示）和储蓄率（用地区储蓄除以地区生产总值表示）。β 为 F-H 系数，即储蓄留存率，其大小决定了投资与储蓄相关性的高低。如果资本可以自由流动，储蓄留存率应趋近于 0，表明投资和储蓄之间不存在显著的相关性；反之，如果资本不能自由流动，储蓄留存率应趋近于 1，表明本地储蓄主要保留在本地区内，转化为本地投资，投资和储蓄之间存在显著的相关性。使用式（3.6）进行估计时，地区投资拟用该地区资本形成总额表示；地区储蓄拟用该地区 GDP 减去最终消费（用社会消费品零售总额表示）表示，为了使统计口径一致，GDP 使用以支出法核算的地区生产总值表示。由于使用的是比率数据（投资率、储蓄率），故不需要使用价格指数对名义变量进行调整以得到实际变量。

现有文献通常分析的投资—储蓄关系实际上是总投资—总储蓄关系（如徐冬林和陈永伟在 2009 年的研究，王博和文艺在 2012 年的研究，王维国和薛景在 2014 年的研究），而本节中笔者不仅要分析总投资—总储蓄关系以反映总量层面上资本要素的省际流动性，而且还将从总投资和总储蓄中分离出私人投资和私人储蓄，通过分析私人投资—私人储蓄的相关关系来反映私人层面上资本在省际的流动状况，此外，通过分析比较总量层面和私人层面省际资本流动性的差异可以明确政府在省际资本流动中的作用。为了将各省份总量层面数据（总投资、总储蓄）分解为私人层面（私人投资、私人储蓄）和政府层面数据（政府投资、政府储蓄），笔者借鉴严（Yan）等人 2011 年提出的方法，使用式（3.7）和式（3.8）对总量层面数据进行分解。

$$I = I_p + I_g = I_p + (G - C_g) \tag{3.7}$$

$$S = S_p + S_g = S_p + (T - G) \tag{3.8}$$

其中，I、I_p、I_g 分别表示省份层面的总投资、私人投资和政府投资，G 表示政府支出，C_g 表示政府消费，$G - C_g$ 即为政府投资，用总投资减去政府投资可得私人投资 I_p；S、S_p、S_g 分别表示省份层面的总储蓄、私人储蓄和政府储蓄，T 表示政府税收，$T - G$ 即为政府储蓄，用总储蓄减去政府储蓄

可得私人储蓄 S_p。在后续分析中，政府支出（G）、政府税收（T）分别用政府财政支出和政府财政收入代替。所有变量的数据均来源于相应年份的中国统计年鉴和各省份的统计年鉴。

3.3.1 面板单位根与面板协整检验

在时间序列计量分析中，如果时间序列变量是非平稳过程，则这些变量之间的回归就有可能是谬误回归（spurious regression），此时，常用的 t 统计量就是发散的，不存在渐进分布。如果仍然根据 t 统计量对回归系数进行显著性检验，统计推断出现错误的概率将非常高。但是，如果非平稳变量之间存在协整关系，则对这些变量所做的回归就不再是虚假回归，根据通常的 t 统计量所做的统计推断仍然有效。对面板数据而言，也存在着同样的问题，因此，有必要在面板数据回归分析之前对各变量进行面板单位根和协整检验。

3.3.1.1 面板单位根检验

现有文献在进行面板单位根检验时所使用的方法并不统一，比较常见的有 LLC 检验、IPS 检验、ADF-Fisher 检验、PP-Fisher 检验和 Hadri 检验，这些方法都存在一定的局限性，并且各种检验方法也很难得出完全一致的结论。为了增强面板单位根检验结果的可靠性和稳健性，降低上述各种方法本身的局限性所导致的对检验结果的不利影响，本书同时使用上述几种方法来进行检验，结果如表 3.2 所示。

表 3.2 面板单位根检验结果

检验方法	总投资率	总储蓄率	私人投资率	私人储蓄率
LLC	3.284 3	1.243 3	4.857 6	4.263 2
P 值	0.976 7	0.936 5	0.998 1	0.989 5
样本数	600	600	600	600
IPS	4.975 6	4.871 2	−5.712 8	−0.669 8
P 值	0.997 4	0.993 5	0.000 1***	0.254 8
样本数	600	600	600	600
ADF-Fisher	21.342 6	25.565 4	55.345 5	13.656 5
P 值	1.000 0	1.000 0	0.197 6	1.000 0

表3.2(续)

检验方法	总投资率	总储蓄率	私人投资率	私人储蓄率
样本数	600	600	600	600
PP-Fisher	14.235 4	27.568 3	57.457 5	5.120 8
P 值	1.000 0	0.987 4	0.285 9	1.000 0
样本数	600	600	600	600
Hadri	18.354 5***	13.235 5***	16.540 1***	20.567 1***
P 值	0.000 0	0.000 0	0.000 0	0.000 0
样本数	600	600	600	600

注：各种检验方法的检验式中含有截距项，但不含时间趋势项，滞后阶数根据 AIC 准则自动选取；LLC 检验、IPS 检验、ADF-Fisher 检验和 PP-Fisher 检验的原假设是有单位根，Hadri 检验的原假设是没有单位根；LLC 检验和 Hadri 检验是针对相同根的检验方法，IPS 检验、ADF-Fisher 检验和 PP-Fisher 检验是针对不同根的检验方法；*** 表示在 1% 的显著性水平下是显著的；对所有变量一阶差分的检验结果表明一阶差分形式是平稳的，限于篇幅笔者没有在文中报告，如需要可向作者索取。

从表 3.2 的检验结果可知，各种方法的检验结果都表明总投资率、总储蓄率和私人储蓄率是 I（1）的非平稳过程。对私人投资率而言，除 IPS 检验外，其他方法的检验结果也都表明私人投资率是非平稳 I（1）过程。因此，笔者认为这几个变量都是面板单位根过程。

3.3.1.2　面板协整检验

由于面板单位根检验的结果表明各变量是非平稳过程，为了避免谬误回归引起的统计推断错误，笔者接下来对总投资率与总储蓄率、私人投资率与私人储蓄率进行面板协整检验。面板协整检验方法大致可以分为两类：一类是以 E-G 两步法为基础衍生而来的，即基于面板协整方程的面板残差数据单位根检验的面板协整检验，如 Pedroni 检验、Kao 检验；另一类是在 Johansen 迹检验（Trace）的基础上推广而发展起来的面板协整检验，如 Johansen Fisher 检验。在下面的面板协整检验中笔者拟采用 Pedroni 检验。

Pedroni 检验含有 7 个检验统计量，可分为组内、组间两组。其中组内统计量有 4 个，主要用于同质面板数据协整关系检验，分别是 Panel V、Panel rho、Panel PP、Panel ADF；组间统计量有 3 个，主要用于异质面板数据协整关系检验，分别是 Group rho、Group PP、Group ADF。上述 7 个

统计量在一定条件下都渐进服从标准正态分布。佩德罗尼（Pedroni）1999
年的研究发现，对于小样本数据而言，Panel ADF 和 Group ADF 的检验效
果最好，Panel V 和 Group rho 的检验效果最差，其他 3 个统计量的检验效
果介于两者之间。如果这些统计量在检验中得出的结论不一致，则应按照
此顺序对是否存在协整关系进行判断。Pedroni 面板数据协整检验结果如表
3.3 所示。

表 3.3　Pedroni 面板数据协整检验结果

统计量		总投资率与总储蓄率		私人投资率与私人储蓄率	
		统计量值	P 值	统计量值	P 值
组内检验	Panel V	3.356 4***	0.002 1	6.127 3***	0.000 0
	Panel rho	−3.734 5***	0.000 4	−5.353 1***	0.000 0
	Panel PP	−2.922 3***	0.005 5	−4.834 2***	0.000 0
	Panel ADF	−3.823 9***	0.000 3	−3.524 5***	0.000 7
组间检验	Group rho	−0.115 6	0.563 8	−2.872 1**	0.005 8
	Group PP	−4.175 9***	0.000 1	−3.819 8***	0.000 3
	Group ADF	−3.947 6***	0.000 2	−3.658 3***	0.000 5

注：检验的原假设为面板变量之间不存在协整关系；检验式中含有截距项，但不含时间趋势
项，滞后阶数根据 AIC 准则选取；***、** 分别表示在 1%、5%的显著性水平下是显著的。

　　由表 3.3 的检验结果可知，在总投资率与总储蓄率的面板协整检验中，
除 Group rho 统计量不能拒绝不存在面板协整关系的原假设外，其他 6 个统
计量在 1%的显著性水平下均能拒绝原假设，由于 Group rho 统计量的检验
效果是最差的，因此笔者认为，总投资率与总储蓄率之间存在面板协整关
系。对私人投资率与私人储蓄率的面板协整检验而言，所有 7 个统计量均
能在 1%的显著性水平下拒绝不存在面板协整关系的原假设，故笔者认为
私人投资率与私人储蓄率之间存在面板协整关系。根据面板单位根和面板
协整检验的结果可知，虽然面板变量是不平稳的，但变量间存在面板协整
关系，因此，在下面进行面板数据回归分析时不会受到谬误回归问题的
困扰。

3.3.2 省际资本流动性分析

接下来，笔者拟对 2004—2023 年中国大陆 30 个省份资本跨地区流动水平进行分析。首先，采用前文中的式（3.6）所表示的 F-H 模型分析总投资率—总储蓄率的相关关系，以明确在总量层面上中国省际资本流动水平。其次，借鉴严（Yan）等人 2011 年的思路，根据式（3.7）、式（3.8）从总投资和总储蓄中分离出私人投资和私人储蓄，通过分析私人投资率-私人储蓄率的相关关系以反映私人层面上资本在省际的流动状况。并通过比较总量层面和私人层面资本省际流动性的差异，以明确政府在省际资本流动中所扮演的角色。最后，将样本期 2004—2023 年划分为 2004—2013 年和 2014—2023 年两个时期，对两个时期省际资本的流动状况进行比较分析以揭示资本在省际流动的发展趋势。以 2014 年为节点进行划分主要是考虑到中国在 2014 年左右进入了经济发展的新常态阶段[①]，中国经济运行所面临的大环境发生了重大变化；此外，以 2014 年来划分也使得两个子样本的时期长度相同。

3.3.2.1 基于总量层面的分析

本小节中，笔者使用 F-H 模型对总投资率—总储蓄率的相关关系进行分析，以得到总量层面的储蓄留存率，其结果如表 3.4 所示。由表 3.4 的估计结果可知，反映总投资率—总储蓄率相关关系的储蓄留存率为 0.704 3，在 1% 的水平上显著，较高的储蓄留存率说明总投资率与总储蓄率之间是高度相关的，资本在全国各省份之间的流动性比较低。这主要是因为我国长期实行的计划经济造成了要素市场发展比较落后，且在市场化改革初期，我国的改革对象主要集中在商品市场，要素市场的改革相对滞后。笔者将全国划分为东、中、西部三大地区，对这三个地区的储蓄留存率分别进行了估计。表 3.4 的估计结果表明，东、中、西部地区的储蓄留存率都比较高，分别为 0.583 9、0.746 3、0.771 2，并且均在 1% 的水平上显著。这表明在东、中、西部地区内部各省份间的资本流动水平也比较低。从东、中、西部地区之间的横向比较来看，东部地区的储蓄留存率最低，中、西部地区的储蓄留存率较高，这表明东部地区内部各省份间的资本流动性比中、西部地区要强，这与东部地区较发达的金融市场和率先开启的要素市场改革是密不可分的，这

---

① 2014 年 5 月，习近平总书记在河南考察时第一次明确提出了"新常态"的概念。

也与我国区域经济发展水平现状和对外开放格局是一致的。

表 3.4　2004—2023 年全国与三大地区资本省际流动性测定（总量层面）

变量	全国	东部	中部	西部
常数项	0.357 9***	0.521 8***	0.417 5***	0.033 2
	（0.055 7）	（0.049 45）	（0.036 2）	（0.072 2）
储蓄留存率	0.704 3***	0.583 9***	0.746 3***	0.771 2***
	（0.098 6）	（0.062 3）	（0.074 34）	（0.083 3）
个体效应	固定	固定	固定	固定
时期效应	固定	固定	固定	固定
观测次数	600	220	160	220
校正 R^2	0.617 9	0.417 8	0.689 2	0.579 1

注：括号里的数值表示该系数对应的标准误；*** 表示在 1% 的显著性水平下该系数是显著的；固定效应与时期效应的选择是根据 Hausman 检验的结果作出的。

3.3.2.2　基于私人层面的分析

为了探究各级政府在省际资本流动中的作用，笔者从总投资和总储蓄中分离出私人投资和私人储蓄，并估计了反映私人投资—私人储蓄相关关系的储蓄留存率，将私人层面和前述总量层面的储蓄留存率进行比较就可以明确政府在省际资本流动中所起的作用。基于私人层面 F-H 模型的估计结果如表 3.5 的 A 部分（Part A）所示。

表 3.5　三个时期全国与三大地区资本流动性测定（私人层面）

时期	变量	全国	东部	中部	西部
PartA：2004—2023 年	常数项	0.559 7*	0.547 1	0.432 2***	0.519 4
		（0.283 3）	（0.261 2）	（0.126 7）	（0.583 4）
	储蓄留存率	0.763 3***	0.691 1***	0.803 6***	0.832 6***
		（0.095 3）	（0.126 9）	（0.180 9）	（0.176 9）
	个体效应	固定	固定	固定	固定
	时期效应	固定	固定	固定	固定
	观测次数	600	220	160	220
	校正 R^2	0.634 8	0.551 6	0.712 9	0.664 1

表3.5(续)

时期	变量	全国	东部	中部	西部
PartB：2004—2013年	常数项	0.336 8**	0.504 9***	0.641 0	0.482 4***
		(0.143 6)	(0.123 3)	(0.467 2)	(0.153 5)
	储蓄留存率	0.820 3***	0.753 2***	0.853 7***	0.897 5***
		(0.138 3)	(0.144 9)	(0.137 6)	(0.180 7)
	个体效应	固定	固定	固定	固定
	时期效应	固定	固定	固定	固定
	观测次数	300	110	80	110
	校正 R^2	0.712 5	0.742 9	0.753 8	0.651 2
PartC：2014—2023年	常数项	0.562 3***	0.650 9***	0.429 5***	0.721 2***
		(0.141 6)	(0.159 9)	(0.146 6)	(0.174 5)
	储蓄留存率	0.679 8***	0.618 5***	0.748 4***	0.783 1***
		(0.146 3)	(0.170 8)	(0.196 7)	(0.215 2)
	个体效应	固定	固定	固定	固定
	时期效应	固定	固定	固定	固定
	观测次数	300	110	80	110
	校正 R^2	0.636 7	0.653 1	0.702 3	0.663 7

注：括号里的数值表示该系数对应的标准误；*、**、*** 分别表示在 10%、5%、1% 的显著性水平下该系数是显著的；固定效应与时期效应的选择是根据 Hausman 检验的结果作出的。

表 3.5 Part A 的估计结果表明，对全国样本而言，2004—2023 年私人层面的储蓄留存率为 0.763 3，比总量层面的储蓄留存率（0.704 3）要高，这表明私人层面的投资—储蓄关系比总量层面更为密切，相较于总量层面，资本在私人层面的省际流动性较低。其原因在于大多数企业都是区域性经营而不是全国性经营的企业，相较于外地市场，他们对本地市场的经营环境、政策环境、人文环境和投资环境等都有较深的了解和掌握，故这些区域性经营企业从本地金融市场所获得的来自本地储蓄的资金几乎全部会投资到本地市场，所以，私人层面的储蓄留存率就比较高，资本的省际流动性较低。资本在总量层面的省际流动性较高则主要归功于各级政府的积极作用。随着市场化改革的深入，省级地方政府跨地区交流与合作日益频繁，进而促进了资本的跨省流动。中央政府通过税收、转移支付、政府拨款等手段形成的财政再分配效应放松了本地投资与本地储蓄之间的联系，使得省际资本流动性增强，这是资本在总量层面比私人层面流动性高的主要原因。此外，为了实现特定的政策目标（如加快东部沿海地区改革开放步伐、西部大开发、振兴东北老工业基地、中部崛起等），中央政府

在宏观层面上的资金调配也是资本在总量层面比私人层面流动性高的重要原因。笔者将样本划分为东、中、西部地区分别对储蓄留存率进行估计，估计结果表明，2004—2023 年东、中、西部地区私人层面的储蓄留存率分别为 0.691 1、0.803 6、0.832 6，比同一时期相应地区总量层面的储蓄留存率都要高（东、中、西部地区总量层面储蓄留存率分别为 0.583 9、0.746 3、0.771 2）。因此，从东、中、西部地区内部各省份来看，资本在总量层面的省际流动性也比私人层面要强，这与全国的情形是一致的。可以看到，不管是使用全国样本还是使用三大地区样本，资本在总量层面省际流动性更强的结论并不随样本的变化而变化，说明这一结论具有较好的稳健性。从总量层面和私人层面储蓄留存率的差异上看，东部地区两者之间的差异（0.107 2）比中部地区（0.057 3）和西部地区（0.061 4）都要大得多，这说明东部地区各级地方政府在资本跨省流动过程中发挥了更大的作用，这从侧面说明东部地区的各级地方政府在改革过程中更多地遵循了建立社会主义市场经济体制的要求，发挥了与市场化要求更相符的政府职能。

3.3.2.3 省际资本流动性发展趋势分析

为了分析省际资本流动性随时间演进的趋势，笔者将样本期 2004—2023 年划分为 2004—2013 年和 2014—2023 年两个时期，估计这两个时期私人层面的储蓄留存率并对其进行比较分析以揭示资本在省际流动的发展趋势。两个时期的估计结果如表 3.5 的 Part B 和 Part C 所示。对全国样本而言，2004—2013 年的储蓄留存率为 0.820 3，2014—2023 年的储蓄留存率为 0.679 8，虽然两个时期较高的储蓄留存率说明这两个时期资本的省际流动性都比较弱，但可以看到，后一时期的储蓄留存率与前一时期相比有了相当程度的下降。这说明在后一时期省际资本的流动程度有较大提升，中国省际资本流动性随时间在增强。其原因在于中国金融体系改革相对滞后，在前一时期，投资资金通过资本市场在不同地区进行分配的渠道并不畅通，此外，市场化改革初期地方政府之间的跨地区交流与合作也较少；在后一时期，随着市场化改革的进一步深化，金融体系改革提速，投融资渠道逐渐通畅且方式多样，地方政府的跨地区交流与合作日渐频繁，故资本区域流动性逐渐增强，资本要素市场化改革成效逐渐显现出来。笔者再次将全国划分为东、中、西部三大地区，研究两个时期三大地区资本在省际的流动性。从估计结果看，虽然两个时期三大地区的储蓄留存率都比较强，但后一时期东、中、西部地区的储蓄留存率（分别为 0. 618 5、0. 748 4、0. 783 1）比前一时期（分别为 0. 753 2、0. 853 7、0. 897 5）要低，说明后一时期资本在东、中、西部地区内部各省份之间的流动性比前一时期有所增强，资本在地区内的省际流动性有提升趋势。这一结论与全国的情形是一致的，没有随样本的变化而变化，具有很强的稳健性。

3. 4　引力模型法

3. 4. 1　引力模型法简介

一些学者在测度资本流动水平时基于资金流与货物流反向流动的逻辑，通过货物与服务流来推算区域间的资金流动，进而间接衡量资本要素市场空间整合水平（如王小鲁和樊纲 2004 年的研究，胡凯和吴清 2012 年的研究，赖（Lai）等人 2013 年的研究，蔡翼飞等人 2017 年的研究）。但该方法测算的是区域资本流入与流出相互抵消后的资本净流动规模，这可能会大大低估区域资本流动水平，因为即使资本净流动规模较小，也存在着流入与流出规模都较大的可能性。考虑到引力模型已成功运用于不同空间区位之间的流量分析（如两国间进出口贸易等），因此，在本节中，笔者拟在资本流动测度研究中首次运用引力模型，对区域资本流入与流出规模进行双向测度，以更精确地度量区域资本流动水平。对于引力模型分子中的"质量"，本书拟选用各地区的资本形成总额和企业数量来表示，选择资本形成总额是因为资金具有逐利性，它总是流向利润率更高的地区，并通过投资形成资本。因此，在其他因素不变条件下，资本形成总额越高，区域资本流动规模可能越大（较高的资本形成总额也有可能是由本地投资造成的，但短时间内，本地很难有大量投资转化为资本，所以，较高的资本形成总额大多是通过资本跨区域流动形成的）；选择企业数量是因为企业是主要的投资行为主体，企业数量越多，区域资本流动规模可能越大。对于引力模型中反映资本流动阻碍因素的分母，本书仍然选用地理距离的平方。考虑到资本流动的逐利目的，在传统的引力模型基础上，再引入相对资本边际产出项，最终，本书拟使用如式（3.9）所示的扩展的引力模型测度区域资本流动规模。

$$kf_{ijt} = \frac{\sqrt{K_{it} \, E_{it}} \, \sqrt{K_{jt} \, E_{jt}}}{d_{ij}^2} \times \frac{\mathrm{MPK}_{jt}}{\mathrm{MPK}_{-jt}} \qquad (3.9)$$

其中，kf_{ijt} 为时期 t 从地区 i 流入地区 j 的资本；K_{it}、K_{jt} 分别为地区 i、地区 j 在时期 t 的资本形成总额（鉴于数据可得性，拟用固定资产投资表示）；E_{it}、E_{jt} 分别为地区 i、地区 j 在时期 t 的规模以上工业企业数；d_{ij}^2 表示城市 i 与 j 之间地理距离的平方；MPK_{jt} 为城市 j 在时期 t 的资本边际产出，其值越大，从地区 i 流入地区 j 的资本越多，MPK_{-jt} 为时期 t 地区 j 以外其他地区以资本存量为权重，加权平均得到的资本边际产出，其值越大，从地区 i 流入地区 j 的资本越少。同样，也可以测算从地区 j 流入地区 i 的资本。

$$kf_{jit} = \frac{\sqrt{K_{jt} \, E_{jt}} \, \sqrt{K_{it} \, E_{it}}}{d_{ji}^2} \times \frac{\mathrm{MPK}_{it}}{\mathrm{MPK}_{-it}} \qquad (3.10)$$

利用式（3.9）和式（3.10），逐一计算某个地区流入到其他各地区的资本与其他各地区流入到该地区的资本并求和，可以测算出该地区流入与流出的总资本规模，然后除以该地区的 GDP 以衡量其资本跨区域流动水平。

3.4.2 测度结果及分析

3.4.2.1 全国及其三大地区资本流动水平

根据上述引力模型法的原理，笔者测算了 2004—2023 年中国大陆 30 个省份及其东、中、西部地区的资本流动水平，测算结果如图 3.9 所示。由图 3.9 可知，2004—2023 年，中国大陆 30 个省份的资本流动水平呈现出上升趋势，资本跨区域流动所受到的束缚有所减轻，表明该时期资本要素市场整合水平有了提高，资本要素市场化改革取得了一些进展，这将有力推动全国统一大市场建设和国民经济循环的构建。此处以 2013 年为时间节点将 2004—2023 年划分为前后两个十年来看，2004—2013 年，中国大陆 30 个省份资本流动水平虽然在总体上呈现出了上升趋势，但在 2008 年和 2009 年曾出现了短暂的下降走势，特别是 2008 年国际金融危机期间，区域资本流动水平出现了较大幅度的下降，说明 2004—2013 年区域资本流动水平的上升并非一帆风顺，资本要素市场在走向整合过程中存在一定的反复。2014—2023 年，中国大陆 30 个省份资本流动水平基本呈现出逐年上升趋势，该时期区域资本流动水平总体上升了 0.140，比 2004—2013 年的上升幅度（0.093）要大，说明这一时期资本要素市场空间整合进程比前一个十年推进得更快，资本要素市场空间整合水平提高程度也更强。在图 3.9 中，笔者也分别给出了东、中、西部三大地区 2004—2023 年区域资本流动水平的走势情况，三大地区资本流动水平的变化情况与全国比较相似，并且三大地区资本流动水平的走势与全国的同步程度也较强，这表明东、中、西部地区的资本要素市场空间整合水平及其演进情况与全国的总体状况基本保持一致。

3.4.2.2 各省份资本流动水平

上一小节中，笔者对全国及其东、中、西部三大地区的资本流动水平情况进行了分析。在本小节中，笔者拟对每个省份的资本流动水平情况展开分析。图 3.10~图 3.12 给出了 2004—2023 年 30 个省份的资本流动水平情况。由图 3.10~图 3.12 可知，30 个省份的资本流动水平在 2004—2023 年均出现了比较明显的上升，除了为数不多的几个省份外，大部分省份在样本期间的资本流动水平走势与全国的基本相同。几乎全部 30 个省份的资本流动水平在 2004—2013 年都有比较大的起伏，该时期资本流动水平的提高程度也不算太强；而在 2014—2023 年，30 个省份的资本流动水平基本都呈现出逐年上升的趋势，资本流动水平的提高程度明显强于 2004—2013年。对不同地区的省份而言，资本流动水平的差异是比较明显的。对于任一年份，东部省份的资本流动水平基本都强于中西部省份（海南省在一些年份的资本流动水平低于一些中西部省份，这与其特殊的地理位置不无关系）。东部省份较高的资本流动水平应该与其领先的经济发展水平和较快的要素市场化改革步伐有关。虽然中西部省份的资本流动水平相对较低，但在 2004—2023 年，中西部省份资本流动水平的提升程度均比东部省份更强，随着时间的推移，中西部省份资本流动水平也在逐渐向东部省份逼近，这与中西部省份充分发挥后发优势、不断借鉴东部省份要素市场化改革的成功经验有着密不可分的关系。

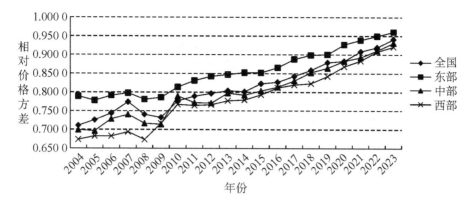

图 3.9 2004—2023 年中国大陆 30 个省份资本流动水平

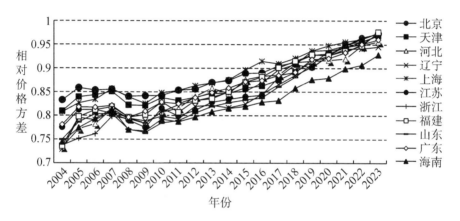

图 3.10 2004—2023 年东部 11 个省份资本流动水平

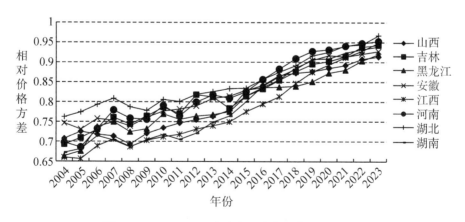

图 3.11 2004—2023 年中部 8 个省份资本流动水平

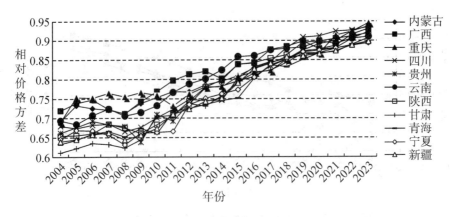

图 3.12　2004—2023 年西部 11 个省份资本流动水平

3.5　本章小结

　　要研究中国资本要素市场空间整合这一课题，首先必须要回答资本要素市场空间整合处于什么水平及其变化趋势这样一个问题，这是研究中国资本要素市场空间整合问题的起点，是该领域相关研究与分析的基础和前提。因此，笔者在本章分别使用价格法、波动同步法、F-H 法和引力模型法对中国国内资本要素市场空间整合水平展开测度。笔者使用几种不同方法测度资本要素市场空间整合水平的原因在于，不同学者对中国资本要素市场空间整合水平的测度结果无法达成一致，有的甚至是截然相反。

　　学者得到的结果之所以不同，主要原因在于：①测度时选取的样本期不同；②研究中选取的省份不完全一致；③研究中使用的测度方法不同。为此，笔者将测度的样本期统一为 2004—2023 年，研究对象统一确定为除西藏外的中国大陆其余 30 个省份。此外，由于各种测度方法或多或少都存在某些不足，故只采用一种方法测度区域资本要素市场空间整合水平，其结果的准确性和可靠性必然存疑。比较可行的做法是，采用不同方法进行测度，然后对所得到的测度结果进行相互比较和验证，只有这样才能使研究结论更稳健、更可靠。

　　在价格法中，笔者使用资本品相对价格方差及其变化来衡量资本要素市场空间整合状况及其演进趋势。结果显示，2004—2023 年，30 个省份资本品的相对价格方差总体呈现出明显下降趋势，表明该时期中国资本要素市场空间整合水平有了明显提高，资本要素市场化改革成效显著。以2013年为时间节点将2004—2023年划分为前后两个十年来看，2004—2013年，30个省份资本品相对价格方差虽然总体呈现出了下降趋势，但在某些年份曾出现了短暂的上升势头，特别是2008年国际金融危机期间，资本品相对价格方差出现了较大幅度的上升，说明2004—2013年资本要素市场在走向整合过程中存在一定的反复。2014—2023年，30个省份资本品相对价格方差呈现出逐年下降的走势，并且下降幅度也比2004—2013年要大，说明这一时期资本要素市场空间整合进程推进得比较顺畅。东、中、西部三大地区2004—2023年资本品相对价格方差走势情况与全国的情况比较相似，并且三大地区的走势与全国也比较同步，这表明东、中、西部地区的资本要素市场空间整合状况与全国的总体状况基本保持一致。对东、中、西部地区的省份而言，其资本要素市场空间整合水平存在明显差异，在样本期的任何一个年份，东部省份资本要素市场空间整合水平几乎都高于中西部省份。虽然中西部省份资本要素市场空间整合水平比东部省份低，但在2004—2023年，中西部省份资本要素市场空间整合水平的提高程度基本都比东部省份高，并且随着时间的推移，中西部省份资本要素市场空间整合水平也在逐年接近东部省份。

在波动同步法中，笔者分别采用经H-P滤波的相关系数法和同步化指数法对区域资本要素市场空间整合水平进行了测度，用这两种方法得到的测度结果都表明，2004—2023年30个省份间的资本边际产出同步性水平有所上升，表明资本要素市场空间整合水平在该时期有所提高，资本要素市场化改革有了一定进展。但在资本要素市场空间整合水平总体呈现上升趋势的背景下，某些年份也出现了短暂的下降走势。分地区看，东部省份的资本边际产出同步性水平基本都高于中西部省份，表明东部地区的资本要素市场空间整合水平处于领先地位。F-H法下的测度结果表明，2014—2023年的储蓄留存率与2004—2013年相比有了相当程度的下降。这说明在2014—2023年省际资本流动性有较大提升，30个省份省际资本流动性随时间在增强。从东、中、西部地区之间的横向比较来看，东部地区的储蓄留存率相对较低，中、西部地区的储蓄留存率相对较高，这表明东部地区内部各省份间的资本流动性比中、西部地区要高。

引力模型法的测度结果表明，2004—2023年，30个省份的资本流动水平呈现出上升趋势，资本跨区域流动所受到的束缚有所下降，表明该时期资本要素市场空间整合水平有了提高，资本要素市场化改革取得了一些进展。笔者以 2013 年为时间节点将 2004—2023 年划分为前后两个十年来看，2004—2013 年，30 个省份资本流动水平虽然在总体上呈现出了上升趋势，但在 2008 年和 2009 年曾出现了短暂的下降走势，特别是 2008 年国际金融危机期间，区域资本流动水平出现了较大幅度的下降，说明 2004—2013 年区域资本流动水平的上升并非一帆风顺，资本要素市场在走向整合过程中存在一定的反复。2014—2023 年，30 个省份资本流动水平基本呈现出逐年上升趋势，该时期区域资本流动水平上升幅度比 2004—2013 年的上升幅度要大，说明这一时期资本要素市场整合进程比前一个十年更顺畅，资本要素市场空间整合水平提高程度更大。三大地区资本流动水平的变化情况与全国均比较相似，并且三大地区资本流动水平的走势与全国的同步程度也较高，这表明东、中、西部地区的资本要素市场空间整合水平及其演进情况与全国的总体状况基本保持一致。此外，对不同地区的省份而言，资本流动水平的差异是比较明显的，对于任一年份，东部省份的资本流动水平几乎都高于中西部省份。

为了得到更稳健、更可靠的研究结论，笔者对以上各种测度方法得到的结果进行相互验证、比较和综合后认为，2004—2023 年中国大陆 30 个省份资本要素市场空间整合水平有明显的提高，要素市场化改革取得了较大进展，为全国统一大市场建设和畅通国内大循环奠定了坚实的基础。以 2013 年为时间节点将 2004—2023 年划分为前后两个十年来看，2004—2013 年，中国大陆 30 个省份资本要素市场空间整合水平虽有所提升，但提升的幅度并不算太大且存在一些反复，在某些年份中，很多省份的资本要素市场空间整合水平出现了短暂的下降走势。2014—2023，区域资本要素市场空间整合水平基本呈现出逐年上升走势，上升幅度比 2004—2013 年更大，表明该时期中国大陆 30 个省份资本要素市场空间整合进程处于持续、平稳、有效地推进过程中。分地区看，东、中、西部省份间资本要素市场空间整合水平存在一定差异，综合各种方法的测度结果，笔者认为，东部省份的资本要素市场空间整合水平最高、中部省份次之，西部最低，虽然中西部省份资本要素市场空间整合水平相对较低，但其改善程度比东部省份更深。此外，虽然中国大陆 30 个省份间的资本要素市场空间整合水平存在差异，但 2004—2023 年各省份资本要素市场空间整合的演进趋势比较相似。

4 中国资本要素市场空间整合影响因素与机制分析

在本章，笔者将对中国资本要素市场空间整合（区域资本流动）的影响因素与机制进行分析。具体地，笔者将分别基于基础设施建设、城市群扩容和营商环境的视角，详细研究它们如何影响资本要素市场空间整合（区域资本流动），并有针对性地提出促进资本要素市场空间整合（区域资本流动）的政策建议，加速资本要素市场空间整合进程，进而加快全国统一大市场的建设，畅通国内大循环。

4.1 基础设施建设对资本要素市场空间整合的影响

面对复杂多变且日益严峻的国际国内环境，中国经济运行面临着诸多不确定性和巨大挑战。为了增强经济发展内生动力，应对美西方"脱钩断链"的逆全球化挑战，党中央适时提出了"加快形成以国内大循环为主体、国内国际双循环相互促进"的新发展格局。畅通国内大循环，要从根本上破除各种地方保护和行业垄断，在全国范围内建立统一大市场，让商品、要素等资源能自由流动，充分发挥市场在资源配置中的决定性作用，从而释放出促增长的巨大动能。虽然多年的市场化改革使国内市场分割的问题有所改善，一些"显性分割"的问题逐渐减少甚至消失，但取而代之的是各种层出不穷的"隐性分割"，致使区域市场分割依然比较严重，尤其是要素市场一体化进程相对滞后，其中资本要素市场空间分割程度不仅没有减轻，近些年甚至出现了刘志彪和孔令池于 2021 年指出的"翘尾"现象。因此，推动资本跨区域流动，加速资本要素市场空间整合进程迫在眉睫。基础设施建设具有正外部性，有助于提高企业经营效率，降低异地经营成本，而企业异地投资、并购、重组等行为又构成了资本跨区域流动的微观基础。为此，本节中笔者将基于企业异地投资的视角，深入探索交通与网络基础设施建设如何影响资本要素市场空间整合。

京津城际高速铁路于 2008 年 8 月建成通车，由此拉开了中国高铁建设的大幕。截至 2022 年年底，全国高铁运营里程达到了 4.2 万千米，占世界高铁总里程的三分之二以上，稳居世界第一。高铁"四纵四横"主骨架网全面建成，"八纵八横"主通道网加密成形。中国高铁建设和运营对拓展企业投资空间和畅通国民经济循环具有重要作用，对中国经济高质量发展产生了深远影响。自从 1994 年 4 月接入国际互联网以来，中国网络基础设施建设飞速发展，取得了巨大的成就。然而，中国互联网建设依然存在一些亟待解决的问题，这些问题限制了信息网络的进一步发展。为此，2013 年 8 月国务院发布了《"宽带中国"战略及实施方案》，随后，国家发展改革委和工信部于 2014 年遴选出 39 个城市（群）作为"宽带中国"战略首批试点，接着，2015 年、2016 年又遴选出第二批和第三批共计 78 个试点城市（群）。"宽带中国"战略为大数据、人工智能、云计算、物联网等高新技术的发展提供了强有力的信息网络支撑，促进了中国数字经济的跨越式发展，对实现经济转型和高质量发展具有重要意义。

以高铁为代表的传统基建和以"宽带中国"战略为代表的新基建能否促进企业异地投资，从而推动中国资本要素市场空间整合进程？其作用机制又是什么？与仅开通高铁或仅是"宽带中国"试点（以下简称"单基建"）城市的企业异地投资相比，既开通高铁同时又是"宽带中国"试点（以下简称"双基建"）城市的企业异地投资所受到的促进作用是否更强？"双基建"对不同类型企业异地投资的促进作用是否存在差异？这些将是本节关注并试图解答的问题。要深入理解基础设施建设对促进资本要素市场空间整合的重要性，以及充分发挥基础设施建设对建设全国统一大市场、畅通国内大循环的积极作用，厘清上述问题至关重要。

4.1.1 关于交通与网络基础设施建设的研究综述

交通基础设施建设对经济社会发展的宏观和微观效应一直是学者关心的问题。宏观层面的研究主要围绕高铁开通对城市经济增长、技术创新、产业结构调整、生态环境等方面的影响展开。2017 年，刘勇政和李岩在研究中提出，高铁开通对站点城市和邻近城市的经济发展有显著促进作用。

高铁沿线地区的专利申请与引用、学术论文发表均出现了显著增加，卞元超等人于 2019 年，董（Dong）等人于 2020 年都发展了相关论文。孙曾伟等人 2022 年提出，高铁开通显著提高了地区产业结构指数，有力推动了产业结构调整与优化。高铁建设与运营可以通过升级产业结构、促进技术创新等途径提升绿色发展效率，减少污染排放，提高城市空气质量水平，与李建明和罗能生 2020 年的观点一致。从微观层面看，现有文献主要探讨了高铁开通对企业的影响。正如陈婧等人 2019 年提出的高铁开通城市的企业其研发投入出现了显著增加，使企业在专利申请数量和质量上有明显提升。高铁开通能降低公司供应链风险，提高客户集中度，从而提升公司业绩。高铁的"时空压缩"效应能有效促进微观经济主体"面对面"交流，缓解空间距离所产生的沟通不畅问题，李梦等人在 2023 年提出，降低信息的传递与获取成本，缓解信息不对称矛盾，从而增加高铁开通城市企业成功上市的机会，降低企业权益资本融资成本。方巧玲等人，2023 年提出，高铁开通通过加快吸引高素质人才和宽松融资约束推动了企业数字化转型发展，该作用在教育水平低、初始交通条件差、信息不对称程度深的地区表现更加明显。

随着数字时代的来临，中国在数字网络等新型基础设施投资上积极布局，持续推进互联网建设，"宽带中国"战略在这一背景下应运而生。"宽带中国"战略的实施为学者研究网络基础设施建设的各种效应提供了良好契机。总的来说，该领域的研究大体可以分为两类。一类侧重于研究网络基础设施建设的经济效应。张杰和付奎在 2021 年的研究中指出，"宽带中国"战略的实施促进了知识和技术的空间溢出，显著提升了城市创新能力与水平，提高了城市全要素生产率。网络基础设施建设促进了产业数字化和数字产业化发展，推动产业结构不断优化和升级。"宽带中国"战略通过提高企业管理效率和缓解信息不对称的矛盾，进而提升企业投资水平，提高企业金融资产占比。网络基础设施建设可以推动技术创新，优化产业结构，强化经济集聚，从而显著提升城市经济韧性。另一类侧重于研究网络基础设施建设的绿色环保效应。网络基础设施建设能够驱动技术创新，推动生产方式集约化和消费方式线上化发展，从而显著减少二氧化硫排放。网络基础设施建设可以通过绿色创新和产业结构转型升级等途径提高碳排放绩效，减少城市碳排放。实施"宽带中国"战略对试点城市绿色转型发展具有显著推动作用，对邻近城市也存在明显的空间溢出效应。

综上所述，已有文献对交通与网络基础设施建设进行了大量和深入探讨，为我们的研究提供了坚实的理论与实证基础，但依然存在一些未尽之处。现有文献很少基于企业异地投资视角，探究基础设施建设如何影响资本要素市场空间整合。经检索，仅有马光荣等和吴倩等人在 2020 年有过这方面的尝试，他们的探索为本文的研究提供了有益启示。但这两篇文献仅关注了交通基础设施建设对企业异地投资的影响，而没有涉及网络基础设施。为此，笔者将高铁开通和"宽带中国"战略均视为一项准自然实验，使用 2004—2023 年 A 股上市公司数据，基于企业异地投资视角，实证分析交通与网络基础设施建设对资本要素市场空间整合的因果效应。本书认为高铁开通和"宽带中国"战略对企业异地投资的影响具有外生冲击的属性，理由如下：一是高铁开通和"宽带中国"战略是国家层面的全局性发展规划，微观层面上企业很难对其产生影响；二是利用高铁开通和"宽带中国"战略的准自然实验开展双重差分法（DID）研究，需要政策实施前处理组与控制组不存在显著差异，即满足平行趋势假设，从后文的检验结果看，平行趋势假设是成立的。因此，本书将高铁开通和"宽带中国"战略作为外生冲击进行实证分析是可行的，并且这一分析有效解决了内生性问题对因果推断的不利影响。

本节研究的边际贡献如下：第一，笔者基于企业异地投资视角，为基础设施建设促进资本要素市场空间整合提供了微观证据；第二，相比已有文献仅从交通基础设施建设视角出发，分析其对企业异地投资的影响，进而分析对资本要素市场空间整合的影响，本节将交通与网络基础设施建设均纳入分析中，将"单基建"拓展为"双基建"，深入探讨其对企业异地投资的因果效应；第三，本文在"双基建"和"单基建"对企业异地投资作用的对比分析中发现，"双基建"在促进企业异地投资上具有叠加效应，这为不同基础设施建设彼此间存在协同作用，从而对经济发展产生更大合力提供了有力证据。

4.1.2 理论分析与研究假设

4.1.2.1 "双基建"对企业异地投资的促进作用

信息的真实、高效、快速流动对企业异地投资经营尤为重要。高铁开通和"宽带中国"战略能够提高企业信息传递与获取效率，降低信息传递与获取成本，促进企业异地投资，加快资本要素市场整合进程。信息可分为硬信息和软信息（Liberti 和 Petersen，2019）。硬信息通常可由数据或者报表等可视化信息呈现，具有客观、准确、可量化等特征；而软信息一般以非结构化的形式存在，如文字记录、图片等，主观性强、难以量化，主要包括企业高管人品、能力、社会关系与企业声誉、发展前景、管理制度等。实施"宽带中国"战略有力推动了网络基础设施建设，使企业能方便、快捷地在网络上分享和获取标准化程度较高的硬信息，提高了信息传递与获取效率。这既能帮助企业筛选投资机会，降低异地投资的时间成本，也能节约母公司与异地子公司间的信息传递与获取成本，因而极大拓展了企业投资的空间范围，促进了企业异地投资。软信息的内在属性使其在传递过程中容易受到干扰，多链条、远距离传递易出现信息扭曲和失真，虽然实施"宽带中国"战略能有效降低硬信息的传递与获取成本，但对软信息的作用十分有限。考虑到中国幅员辽阔，远距离软信息的传递和获取效率较低，而高铁的"时空压缩"效应能便利城市间的人员交流，可以提高企业开展异地考察、调研、洽谈等商务活动的效率，从而降低企业传递和获取软信息的成本，对压缩企业异地经营成本、促进企业异地投资经营有重要帮助。以上分析表明，"宽带中国"战略主要降低了企业硬信息的传递和获取成本，而高铁开通主要节约了企业软信息的传递和获取成本。因此，笔者有理由相信，与"单基建"相比，"双基建"能更有效地降低企业信息传递和获取成本，因而对企业异地投资的促进作用也更强。

由此，本书提出研究假设 1 和研究假设 2。

假设 1："双基建"能显著促进企业异地投资，从而加快资本要素市场空间整合进程。

假设 2："双基建"对企业异地投资的促进作用比"单基建"更强，即"双基建"对企业异地投资的促进作用存在叠加效应。

4.1.2.2 "双基建"促进企业异地投资的机制之一：缓解企业融资约束

首先，高铁开通可以缓解企业融资约束，帮助企业摆脱融资困局。从股权融资看，高铁开通可以增强城市间通达性，方便异地间人员往来与交流，使投资者更容易获得用于投资决策的各种信息，极大缓解了信息不对称问题对企业股权融资的不利影响，这势必会为企业带来更多的股权融资机会，降低股权融资费用与成本与郭照蕊和黄俊在 2021 年提出的观点一致；从债券融资看，高铁开通使金融机构可以快捷方便地通过实地考察、调研等方式获取企业各方面信息，这能有效降低金融机构信贷风险，增强信贷供给意愿，从而使企业获得期限更长、规模更大、成本更低的金融机构贷款。其次，实施"宽带中国"战略可以增强微观经济主体的信息搜索、处理和交流能力，解决信息不对称带来的企业融资难题。具体来说，网络基础设施建设可以从外源和内源两个方面缓解企业融资约束。从外源上看，网络基础设施建设促进了数字技术发展和数字网络扩张，使企业的各种信息可以比较容易地从互联网上获取，如企业的经营状况、财务状况、信用违约情况等，这能帮助各种投资者和金融机构深入了解企业各方面信息，从而降低信息不对称对企业外源融资的不利影响。此外，网络基础设施建设还能为数字金融平台发展提供软硬件支持，而数字金融平台可以将众多中小投资者的资金汇聚成规模庞大的资金，然后将资金提供给有需求的企业，从而拓宽企业融资渠道。从内源上看，网络基础设施建设推动了企业数字化转型发展，数字化转型可以帮助企业消除各部门间的信息壁垒，加快企业内部信息传递速度，极大提升企业运营效率和资金利用效率，因而可从内源上缓解企业融资约束。综上，高铁开通和实施"宽带中国"战略能有效缓解融资约束，解决融资难题，为企业异地投资提供充足的资金保障，从而促进企业异地投资，推动资本要素市场空间整合。

由此，本书提出研究假设 3。

假设 3："双基建"通过缓解企业融资约束促进企业异地投资，从而推动资本要素市场空间整合。

4.1.2.3 "双基建"促进企业异地投资的机制之二：推动企业技术创新

面对面的相互交流、学习与分享是知识外溢的重要途径，对于具有独创性的知识或私有知识更是如此。因此，地理距离造成的时空阻隔对知识外溢具有显著的抑制作用，严重束缚了技术创新的溢出效应（Agrawal 等，2017）。近年来，高铁等交通基础设施迅猛发展，大幅缩短了地区间人员往来的出行时间，极大便利了不同地区科技工作者间的知识交流与共享，这有利于推动企业技术创新，提高创新产出。此外，高铁开通可以提高城市竞争力，增强对高端人才的吸引力，从而为技术创新提供人才支持。互联网是技术扩散和知识溢出的重要渠道，网络基础设施建设可以提高信息传递效率，拓宽知识传播渠道，加速技术扩散速度，缩短创新成果转化与应用时长，进而推动企业研发与创新。随着网络基础设施的不断发展，企业可凭借新一代网络信息技术打造创新共享平台，整合各方面创新资源，推动不同创新主体间的研发合作，降低研发成本，提高创新效率。企业进行研发和创新的最终目的是获得尽可能多的收益，但凝结了创新成果的新产品或新服务由于国内产品市场分割的存在，要使其进入异地市场就需要面临各种壁垒，付出高昂成本，导致企业直接通过产品或服务的方式进入异地市场面临的阻力较大。因此，通过异地投资的方式开拓市场，便成为企业的理性选择，它可以帮助企业实现技术创新的规模经济效应，获得更多创新收益。综上，高铁开通和实施"宽带中国"战略推动了企业技术创新，进而促进了企业异地投资，有力推动了资本要素市场空间整合。

由此，本书提出研究假设4。

假设4："双基建"通过技术创新促进企业异地投资，从而推动资本要素市场空间整合。

4.1.3 研究设计

4.1.3.1 模型与变量

笔者将高铁开通和"宽带中国"战略均视为一项准自然实验，基于企业异地投资视角，使用双重差分法识别交通与网络基础设施建设对资本要素市场空间整合的因果效应。由于处理组企业所在地级市并非在同一年份成为"双基建"城市，故笔者采用交叠DID模型进行因果识别。实证分析中使用的模型如式（4.1）所示。

$$Y_{ict} = \beta_0 + \beta_1 \text{HRS\&BB}_{ct} + X'_{it}\gamma + Z'_{ct}\theta + \lambda_i + \eta_c + \delta_t + \varepsilon_{ict} \quad (4.1)$$

其中，下标 i、c、t 分别表示企业、城市和年份。Y_{ict} 为被解释变量，表示企业异地投资，用上市公司设立异地子公司数量与其所有子公司数量的比值表示（曹春方和贾凡胜，2020）。$\text{HRS\&BB}_{ct}$ 为核心解释变量，即是否为"双基建"城市虚拟变量，其取值规则为：城市同时开通高铁和成为"宽带中国"试点的当年及以后年度取值为1，否则取值为0。X'_{it} 为与上市公司有关的控制变量，包括：企业规模（Size，总资产的对数）、资产负债率（Lev，总负债与总资产之比）、盈利能力（Roa，净利润与总资产之比）、子公司数量（Num，上市公司设立的所有子公司数量）、成长能力（Growth，营业收入增长率）、股权集中度（Share，第一大股东持股比例）、二职合一（Dual，董事长是否兼任总经理）。Z'_{ct} 是与上市公司所在地级市有关的控制变量，包括：经济发展水平（PGDP，人均地区生产总值对数）、政府干预程度（Gov，财政支出与地区生产总值之比）、产业结构（Indus，第二产业增加值占 GDP 的比重）、劳动力成本（Wage，在岗职工平均工资对数）、城镇化水平（Urban，非农人口与常住人口之比）。λ_i、η_c、δ_t 分别为企业固定效应、城市固定效应和年份固定效应，ε_{ict} 为随机误差项，回归中的标准误选择在城市层面进行聚类。研究中主要变量的描述性统计如表4.1 所示。

表 4.1　主要变量描述性统计

变量名	变量含义	样本容量	均值	标准差	最小值	最大值
Y	异地子公司数量占比	42 926	0.431 1	0.372 3	0.000 0	1.000 0
HRS&BB	是否为"双基建"城市	42 926	0.725 3	0.556 2	0.000 0	1.000 0
Size	总资产对数	42 926	23.082 1	1.645 3	18.237 3	31.863 6
Lev	总负债/总资产	42 926	0.437 1	0.224 5	0.051 2	0.985 3
Roa	净利润/总资产	42 926	0.041 5	0.073 3	−0.173 4	0.227 9
Num	设立子公司的数量	42 926	15.842 7	16.456 3	1.000 0	112.000 0
Growth	营业收入增长率	42 926	0.146 1	0.386 2	−0.427 5	3.368 1
Share	第一大股东持股比例	42 926	0.316 4	0.140 1	0.072 7	0.775 9
Dual	董事长是否兼任总经理	42 926	0.458 3	0.376 5	0.000 0	1.000 0
PGDP	人均 GDP 对数	42 926	10.665 9	1.278 2	5.693 6	13.334 8
Gov	财政支出/地区生产总值	42 926	0.199 2	0.105 7	0.012 1	1.085 2
Indus	二产增加值/GDP	42 926	0.487 7	0.156 7	0.113 8	0.921 1
Wage	在岗职工平均工资对数	42 926	12.375 3	0.468 4	9.269 6	13.486 2
Urban	非农人口/常住人口	42 926	0.551 1	0.170 3	0.100 2	0.991 5

4.1.3.2　数据来源及处理

本书选取 2004—2023 年所有 A 股上市公司作为研究的初始样本。为了获得企业异地设立子公司数据，笔者从国泰安数据库（CSMAR）和中国研究数据服务平台（CNRDS）收集整理了上市公司直接参控股企业的名称、持股比例、注册地等信息。由于某些上市公司参控股企业的注册地信息缺失，本书使用企业名称中的地域信息判断注册地（如"××地区××公司"），或者使用百度地图、企查查、天眼查等工具进行查询，确实无法判断注册地的参控股企业则从样本中剔除。本书对子公司的定义是：上市公司直接持股比例超过 50% 的企业。对异地子公司的定义是：与上市公司不在同一地级市的子公司。

上市公司层面控制变量数据来源于 CSMAR 和 CNRDS 数据库，地级市层面控制变量数据来源于《中国城市统计年鉴》、国研网统计数据库、中经网统计数据库。对于上市公司样本，本书还进行了如下调整：①剔除金融类公司；②剔除数据缺失的公司；③剔除参控股信息不完整的公司；④剔除研究样本期内退市的公司；⑤剔除 ST、＊ST 公司。为了排除异常值的干扰，笔者对连续变量进行双边 1%缩尾处理。经过调整，本书最终得到了 42 926 个观测值。

除了上文提到的"双基建"城市和"单基建"城市外，后续研究中还涉及以下三类城市：①仅开通高铁的城市；②仅是"宽带中国"试点城市；③既没有开通高铁，也不是"宽带中国"试点城市。为了叙述方便，笔者将这三类城市分别简称为"单高铁"城市、"单宽带"城市和"两无"城市。后续研究中如无特别说明，本书将处理组设定为"双基建"城市的上市公司，将控制组设定为"两无"城市的上市公司。

4.1.4　实证结果与分析

4.1.4.1　基准回归分析

表 4.2 给出了高铁开通和成为"宽带中国"试点城市对企业异地投资因果效应的分析结果。其中，第（1）列仅保留核心解释变量，不加入控制变量和固定效应，结果显示，HSR&BB 估计系数为正，并且在 1%水平上显著。笔者在第（2）列中加入企业和地级市层面的控制变量，在第（3）、（4）、（5）列中分别加入企业固定效应、城市固定效应和年份固定效应，结果发现，HSR&BB 系数均显著为正，表明高铁开通和成为"宽带中国"试点能显著促进企业异地投资，进而加快资本要素市场空间整合进程，前文提出的研究假设 1 得到了验证。以第（5）列的结果为例，相较于"两无"城市的上市公司，"双基建"城市的上市公司在异地设立子公司的比例提高了 29.77%。以上各列分析结果表明，无论是否考虑控制变量和固定效应，"双基建"均能显著促进企业异地投资，进而推动资本要素市场空间整合，初步表明本书研究结论具有稳健性。

表 4.2 　基准回归分析

变量	（1）	（2）	（3）	（4）	（5）
HSR&BB	0.328 6***	0.311 9***	0.323 7***	0.305 3***	0.297 7***
	（0.101 7）	（0.103 3）	（0.093 5）	（0.088 7）	（0.089 8）
常数项	7.343 9***	6.237 8**	8.248 9***	6.547 9***	9.286 4***
	（1.649 6）	（2.065 1）	（1.424 2）	（1.782 5）	（2.753 6）
控制变量	否	是	是	是	是
企业固定效应	否	否	是	是	是
城市固定效应	否	否	否	是	是
年份固定效应	否	否	否	否	是
样本容量	34 122	34 122	34 122	34 122	34 122
R^2	0.069 3	0.105 9	0.100 9	0.103 7	0.111 5

注：括号内的数值表示估计系数的聚类稳健标准误，*** 、** 、* 分别表示在1%、5%、10%的水平上显著。

4.1.4.2　稳健性检验

（1）平行趋势检验及动态效应分析。

使用双重差分模型进行因果识别的前提条件是满足平行趋势假设，即在政策实施前处理组和控制组的变化趋势不应存在显著差异。下面本书使用事件研究法对平行趋势假设进行检验，模型如式（4.2）所示。

$$Y_{ict} = \beta_0 + \sum_{k=-6, k \neq -1}^{k=7} \rho_k \, \text{HRS\&BB}_{ck} + X_{it}' \gamma + Z_{ct}' \theta + \lambda_i + \eta_c + \delta_t + \varepsilon_{ict}$$

$$(4.2)$$

其中，$\text{HRS\&BB}_{ck}$ 为城市 c 在第 k 年是否成为"双基建"城市的虚拟变量，将成为"双基建"城市的前一期（$k = -1$）作为基期，其他变量的含义与前文式（4.1）保持一致。图4.1给出了系数 ρ_k 的估计值及其95%的置信区间。由图4.1可知，成为"双基建"城市前，各期 ρ_k 的估计值均接近于0且不显著，说明成为"双基建"城市前，处理组和控制组在变化趋势上不存在显著差异，平行趋势假设条件成立，因而可以使用双重差分模型进行因果识别。从动态效应上看，成为"双基建"城市后，系数 ρ_k 总体呈现出上升趋势，除了成为"双基建"城市的当期系数不显著外，其他各期系数均在5%水平上显著，表明"双基建"对企业异地投资的促进作用在逐渐增强。

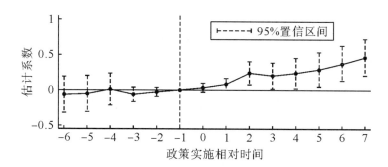

图 4.1　平行趋势检验

（2）安慰剂检验。

为了检验基准回归结果是否受到其他不可观测因素的影响，本书将随机选取处理组进行安慰剂检验。具体做法为：随机抽取与处理组数量相同的上市公司作为虚假处理组，利用式（4.1）进行回归分析，并将该过程重复 500 次，得到 500 个估计系数及其概率密度分布，结果如图 4.2 所示。由图 4.2 可知，500 个估计系数的均值非常接近 0 且大概服从正态分布，所有系数估计值均显著小于基准回归分析中得到的估计值 0.297 7（图 4.2 中虚线对应的值）。安慰剂检验的结果表明，本书基准回归分析所得结论并没有受到其他不可观测因素的影响，因而是稳健的。

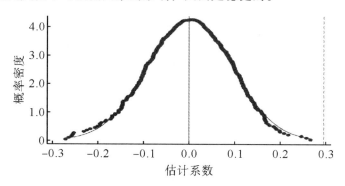

图 4.2　安慰剂检验

（3）替换被解释变量。

基准回归中我们使用上市公司异地子公司占比作为被解释变量衡量企业异地投资，为了提升研究结果的稳健性和可靠性，笔者将被解释变量替换为上市公司是否在异地设立子公司，并使用面板 logit 模型再次进行回归分析，结果如表 4.3 第（1）列所示。由回归结果可知，HSR&BB 系数为

0.252 7，并且在 1%的水平上显著，表明"双基建"城市的上市公司在异地设立子公司的概率比"两无"城市的上市公司高 25.27%，这进一步支持了基准回归分析中所得到的结论。

（4）更换控制组。

基准回归中我们使用"两无"城市的上市公司作为控制组，在此，笔者将"单高铁"和"单宽带"城市的上市公司加入控制组中再次进行回归分析，结果如表 4.3 第（2）列所示。由回归结果可知，虽然 HSR&BB 系数大小和显著性均有所下降，但依然在 5%的水平上显著为正。

（5）考虑异质性处理效应。

由于处理组企业所在地级市并非在同一年份成为"双基建"城市，使得处理组样本接受处理的时间不一致，这会导致处理效应的异质性。Goodman-Bacon 在 2021 年指出，在交叠 DID 模型中，双向固定效应 DID 估计量其实是所有两期 DID 估计量的加权平均，当先受到处理的样本作为后受到处理样本的控制组时，会产生估计偏误。因此，笔者采用 Callaway 和 Sant'Anna 在 2021 年提出的 CSDID 方法重新进行估计。该方法考虑了异质性处理效应问题，能得到稳健估计量，估计结果如表 4.3 第（3）列所示。由回归结果可知，HSR&BB 系数仍然在 1%的水平上显著为正。

（6）排除其他交通基础设施和政策干扰。

公路和民航是另外两种常用的交通运输方式，在加快区域间人员交流和信息传递上有着与高铁相似的功能，因此，忽略公路和民航这两种运输方式可能会对估计结果造成干扰。此外，样本期内还存在其他与"宽带中国"战略相似的政策，这可能也会对估计结果产生影响。比如"智慧城市"试点政策，该政策要求试点城市积极推进网络基础设施建设，加快网络信息技术用于城市规划、建设、管理、运行等各个方面。因此，笔者将公路客运量对数（Lnroad）、民航客运量对数（Lncivil）、是否为"智慧城市"虚拟变量（Smartcity）加入基准回归模型中进行分析，估计结果如表 4.3 第（4）列所示。由回归结果可知，虽然 HSR&BB 系数估计值有所下降，但依然在 1%的水平上显著为正，表明排除其他交通基础设施和政策的干扰后，上文得到的基本结论仍然是稳健的。

表 4.3 其他稳健性检验

变量	（1）被解释变量：是否设立异地子公司	（2）更换控制组：控制组加入单高铁和单宽带城市的企业	（3）考虑异质性处理效应的稳健估计：CSDID 估计	（4）考虑其他交通基础设施与政策：控制公路与民航客运量以及智慧城市试点
HSR&BB	0.252 7 ***	0.192 8 **	0.313 6 ***	0.216 3 ***
	(0.061 9)	(0.087 1)	(0.095 7)	(0.071 1)
Lnroad				0.185 2 ***
				(0.042 5)
Lncivil				0.119 8 ***
				(0.041 3)
Smartcity				0.525 8 ***
				(0.163 7)
常数项	0.746 5 ***	5.692 5 ***	6.859 3 ***	8.464 8 ***
	(0.184 7)	(1.712 9)	(1.612 1)	(2.335 6)
控制变量	是	是	是	是
企业固定效应	是	是	是	是
城市固定效应	是	是	是	是
年份固定效应	是	是	是	是
样本容量	34 122	42 926	34 122	28 643
R^2	–	0.078 2	0.093 3	0.122 5

注：括号内的数值表示估计系数的聚类稳健标准误，***、**、*分别表示在1%、5%、10%的水平上显著。

4.1.4.3 机制检验

前文基于交叠 DID 及各种稳健性检验分析结果表明，"双基建"可以显著促进企业异地投资，进而推动资本要素市场空间整合，但"双基建"如何促进企业异地投资则需要进一步深入分析。本书在理论分析部分已阐明"双基建"主要通过缓解融资约束和推动技术创新来促进企业异地投资。在此，笔者借鉴王伟同和周佳音在 2019 年的做法对上述机制进行实证检验。具体地，本书将融资约束（Finan）和技术创新（Inno）作为机制变量加入到基准回归中，通过观察 HSR&BB 系数的变化对机制的存在性进行判断。融资约束用 SA 指数衡量（SA = − 0.737×Size + 0.043×Size^2 − 0.04×

Age，Size 为企业规模，Age 为企业经营年限；由于 SA 指数为负，因此，笔者对其进行绝对值处理，其值越大，表明受约束水平越高），技术创新用专利授权量的对数表示，估计结果如表 4.4 所示。为方便比较，本书将表 4.2 第（5）列的基准回归结果复制在表 4.4 第（1）列中，第（2）列、第（3）列分别将融资约束和技术创新加入基准回归模型中。结果显示，与基准回归相比，HSR&BB 系数均有所下降，表明加入机制变量后，由于"双基建"通过缓解融资约束和推动技术创新两种途径间接促进了企业异地投资，从而使其直接促进企业异地投资的作用有所弱化，前文提出的假设 3 和假设 4 得到了验证。第（4）列将两个机制变量一起加入基准回归模型，HSR&BB 系数下降了 0.114 1，这说明"双基建"对促进企业异地投资的作用，约有 38.33%（0.114 1/0.297 7）是通过缓解融资约束和推动技术创新间接实现的。

表 4.4　机制检验

变量	（1）	（2）	（3）	（4）
HSR&BB	0.297 7 ***	0.227 6 ***	0.189 3 ***	0.183 6 ***
	（0.089 8）	（0.072 5）	（0.061 2）	（0.052 6）
Finan		−0.326 8 ***		−0.285 6 **
		（0.113 7）		（0.137 9）
Inno			0.724 5 ***	0.652 7 ***
			（0.179 4）	（0.205 8）
常数项	9.286 4 ***	4.386 5 ***	5.546 8 ***	5.126 8 **
	（2.753 6）	（1.156 4）	（1.359 3）	（2.513 8）
控制变量	是	是	是	是
企业固定效应	是	是	是	是
城市固定效应	是	是	是	是
年份固定效应	是	是	是	是
样本容量	34 122	34 122	31 835	31 835
R^2	0.111 5	0.132 2	0.148 8	0.144 6

注：括号内的数值表示估计系数的聚类稳健标准误，***、**、* 分别表示在 1%、5%、10% 的水平上显著。

4.1.5 进一步分析

4.1.5.1 "双基建"叠加效应分析

前文的分析表明"双基建"能显著促进企业异地投资，进而推动资本要素市场空间整合。那么与"单基建"相比，"双基建"对企业异地投资的促进作用是否比"单基建"更强？即"双基建"是否存在叠加效应？为解答这一疑问，笔者从以下两个方面展开论证。一是将基准回归中的 HSR&BB 分别替换为高铁开通虚拟变量（HSR）和"宽带中国"试点虚拟变量（BB），使用双重差分法估计其系数，并与 HSR&BB 系数进行比较；二是将基准回归中的控制组替换为"单基建"城市的上市公司，再次估计 HSR&BB 系数，此时估计的系数反映的便是从"单基建"变为"双基建"（开通了高铁的城市再成为"宽带中国"试点，或者"宽带中国"试点城市又开通了高铁）对企业异地投资的净效应。表 4.5 第（1）列、第（2）列分别给出了开通高铁、成为"宽带中国"试点对企业异地投资影响的分析结果，可以看到，HSR 和 BB 系数均显著为正，表明开通高铁、成为"宽带中国"试点均可以显著促进企业异地投资。与表 4.2 第（5）列基准回归中的 HSR&BB 系数相比，HSR 和 BB 系数均有所下降，且 HSR&BB 与HSR、HSR&BB 与 BB 的组间回归系数均存在显著差异，说明"双基建"对企业异地投资的促进作用比"单基建"更强，初步验证了"双基建"存在叠加效应。由表 4.5 第（3）列的回归结果可知，HSR&BB 系数显著为正，表明从"单基建"变为"双基建"可以进一步促进企业异地投资，这再次证实"双基建"具有叠加效应，前文提出的假设 2 得到了验证。

表 4.5　"双基建"叠加效应分析

变量	（1） "单高铁"城市企业 VS "两无"城市企业	（2） "单宽带"城市企业 VS "两无"城市企业	（3） "双基建"城市企业 VS "单基建"城市企业
HSR	0.208 9***		
	（0.056 1）		
BB		0.143 8***	
		（0.043 3）	
HSR&BB			0.096 2***
			（0.027 9）

表4.5(续)

变量	(1) "单高铁"城市企业 VS "两无"城市企业	(2) "单宽带"城市企业 VS "两无"城市企业	(3) "双基建"城市企业 VS "单基建"城市企业
常数项	2.358 7***	5.869 5***	3.248 6***
	(0.365 8)	(0.649 4)	(0.583 5)
控制变量	是	是	是
企业固定效应	是	是	是
城市固定效应	是	是	是
年份固定效应	是	是	是
样本容量	8 232	5 083	40 779
R^2	0.193 5	0.225 8	0.081 7

注：括号内的数值表示估计系数的聚类稳健标准误，***、**、*分别表示在1%、5%、10%的水平上显著。

4.1.5.2 不同路径叠加效应分析

从"单基建"变为"双基建"存在两种不同路径：一是先开通高铁，然后再成为"宽带中国"试点（以下简称为"先高铁后宽带"）；二是先成为"宽带中国"试点，然后再开通高铁（以下简称为"先宽带后高铁"）。哪种路径的叠加效应更好？这也是我们关注的问题。为此，笔者将基准回归中的控制组替换为"单高铁"城市的上市公司，此时估计的HSR&BB系数为"先高铁后宽带"对企业异地投资的净影响，即叠加效应。由表4.6第（1）列的估计结果可知，HSR&BB系数虽然为正，但并不显著，表明先开通高铁再成为"宽带中国"试点城市不能进一步促进企业异地投资，"先高铁后宽带"不具有叠加效应。同理，将基准回归中的控制组替换为"单宽带"城市的上市公司，此时估计的HSR&BB系数为"先宽带后高铁"对企业异地投资的净效应。由表4.6第（2）列的估计结果可知，HSR&BB系数显著为正，表明先成为"宽带中国"试点再开通高铁的城市可以进一步促进企业异地投资，"先宽带后高铁"具有叠加效应。

表 4.6　不同路径叠加效应分析

变量	（1） "双基建" 城市企业 VS "单高铁" 城市企业	（2） "双基建" 城市企业 VS "单宽带" 城市企业
HSR&BB	0.055 6 （0.063 2）	0.132 4*** （0.041 6）
常数项	2.643 2*** （0.648 4）	2.354 9*** （0.736 3）
控制变量	是	是
企业固定效应	是	是
城市固定效应	是	是
年份固定效应	是	是
样本容量	36 485	24 929
R^2	0.087 5	0.137 8

注：括号内的数值表示估计系数的聚类稳健标准误，***、**、*分别表示在1%、5%、10%的水平上显著。

4.1.5.3　异质性分析

（1）所有权性质。

国有企业是地方经济发展的中坚力量；同时，国有企业还是地方政府调节市场、干预经济运行的有力工具，因此，地方政府具有限制本地国有企业进行异地投资的倾向。笔者预期由于地方国企投资决策自主权受到地方政府干预，这会弱化"双基建"对国有企业异地投资的促进作用。表4.7第（1）列、第（2）列的估计结果显示，在国有企业样本中，HSR&BB系数虽然为正，但不显著；在非国有企业样本中，HSR&BB系数显著为正。表明"双基建"对国有企业异地投资的促进作用不明显，而对非国有企业异地投资的促进作用十分显著，因此，"双基建"主要是通过促进非国有企业的异地投资来推动资本要素市场空间整合的。

（2）企业规模。

"双基建"促进企业异地投资的作用在不同规模的企业中可能存在差异。一方面，企业异地经营通常要付出较高成本，企业规模越大，越能实现规模经济效应，降低异地经营成本，从而越可能开展投资经营活动；另一方面，规模较大的企业通常具有较丰富的异地经营经验，这些经验有助于企业辨识目标地区的市场机会，并利用这些机会更好地开展异地投资经营活动。因此，笔者认为"双基建"促进企业异地投资的作用在规模较大的企业中可能更明显。为此，笔者根据企业年均营业收入中位数，将企业划分为大规模企业和小规模企业并分别进行回归分析，结果如表4.7第（3）列、第（4）列所示。第（3）列的结果显示"双基建"对规模较大企业的异地投资具有显著促进作用；第（4）列HSR&BB系数虽为正，但不显著，说明"双基建"对规模较小企业的异地投资不具有显著促进作用。因此，"双基建"主要是通过促进规模较大企业的异地投资来推动资本要素市场空间整合的。

（3）市场规模。

所在地市场规模对企业异地投资经营决策有重要影响。如果市场规模较小，仅局限在本地经营不仅会制约企业成长和发展，甚至还会威胁企业生存，这会导致面临较小本地市场规模的企业产生较强的异地经营动机，据此，本书预期"双基建"对面临较小本地市场规模的企业能产生更强的促进异地投资的作用。以社会消费品零售总额衡量市场规模，并根据市场规模均值将地级市样本划分为市场规模较大和较小两组进行分析，表4.7第（5）列、第（6）列汇报了估计结果。结果显示，"双基建"对面临较大本地市场规模的企业没有产生显著的促进异地投资作用，而对面临较小本地市场规模的企业则具有显著促进异地投资的作用。因此，"双基建"主要是通过促进面临较小本地市场规模企业的异地投资来推动资本要素市场空间整合的。

表 4.7　异质性分析

变量	（1）国有企业	（2）非国有企业	（3）企业规模大	（4）企业规模小	（5）市场规模大	（6）市场规模小
HSR&BB	0.132 7	0.375 6***	0.357 7***	0.127 6	0.152 5	0.386 6***
	(0.086 9)	(0.096 4)	(0.105 3)	(0.135 8)	(0.146 8)	(0.123 9)
常数项	11.475 3***	4.843 8***	3.738 4**	4.853 6***	6.456 7***	7.537 3***
	(1.689 4)	(0.879 1)	(0.684 3)	(0.953 5)	(1.328 9)	(1.586 5)
控制变量	是	是	是	是	是	是
企业固定效应	是	是	是	是	是	是
城市固定效应	是	是	是	是	是	是

表4.7(续)

变量	（1）国有企业	（2）非国有企业	（3）企业规模大	（4）企业规模小	（5）市场规模大	（6）市场规模小
年份固定效应	是	是	是	是	是	是
样本容量	12 967	21 155	17 061	17 061	14 862	19 260
R^2	0.153 3	0.128 5	0.117 8	0.109 8	0.141 6	0.132 1

注：括号内的数值表示估计系数的聚类稳健标准误，***、**、*分别表示在1%、5%、10%的水平上显著。

4.1.5.4　"双基建"对企业异地投资绩效的影响

在"双基建"能显著促进企业异地投资这一结论的基础上，笔者将进一步探究"双基建"对企业异地投资绩效有何影响。为此，本书建立如下模型进行分析。

$$\text{Perform}_{ict} = \beta_0 + \beta_1\,\text{HRS\&BB}_{ct} + \beta_2\,\text{Diffsub}_{it} + \beta_3\,\text{HRS\&BB}_{ct} \times \text{Diffsub}_{it}$$

$$+ \sum_{k=1}^{m} \gamma_k\,\text{Control}_{kit} + \lambda_i + \eta_c + \delta_t + \varepsilon_{ict} \tag{4.3}$$

其中，Perform 为被解释变量，表示企业经营绩效，分别用总资产收益率和净资产收益率表示。Diffsub 表示上市公司在异地设立子公司的数量。Control 表示控制变量，与基准回归中的控制变量保持一致，其他变量的含义与前文式（4.1）保持一致。表4.8第（1）列、第（2）列的回归结果显示，Diffsub 的系数显著为正，表明异地投资能显著提升企业经营绩效。笔者关心的 HRS&BB×Diffsub 交乘项系数也显著为正，表明与"两无"城市上市公司的异地投资相比，"双基建"城市上市公司的异地投资对企业经营绩效的提升作用更明显，因此，"双基建"能强化企业异地投资对经营绩效的提升作用。

表4.8　"双基建"对企业异地经营绩效的影响分析

变量	（1）总资产收益率	（2）净资产收益率
HSR&BB	0.004 7***	0.007 1***
	(0.001 3)	(0.001 6)
Diffsub	0.001 2***	0.001 0***
	(0.000 4)	(0.000 3)

表4.8(续)

变量	(1) 总资产收益率	(2) 净资产收益率
HSR&BB×Diffsub	0.000 9***	0.000 6**
	(0.000 3)	(0.000 3)
常数项	0.286 4***	0.373 6***
	(0.057 5)	(0.086 3)
控制变量	是	是
企业固定效应	是	是
城市固定效应	是	是
年份固定效应	是	是
样本容量	34 122	34 122
R^2	0.153 5	0.163 8

注:括号内的数值表示估计系数的聚类稳健标准误,***、**、*分别表示在1%、5%、10%的水平上显著。

4.1.6 本节小结

全国统一大市场建设对实现其国内大循环尤为关键,但作为全国统一市场重要组成部分的资本要素市场一体化进程相对缓慢,阻碍了国民经济循环的畅通。为此,笔者使用2004—2023年A股上市公司数据,基于企业异地投资视角,将高铁开通和"宽带中国"战略均视为一项准自然实验,使用交叠DID模型,实证分析交通与网络基础设施建设对资本要素市场空间整合的因果效应。研究发现,交通与网络基础设施建设能显著促进企业异地投资,进而推动资本要素市场空间整合,各种稳健性检验均支持这一结论。机制分析表明,缓解融资约束和推动技术创新是"双基建"促进企业异地投资的主要途径。进一步分析显示,与"单基建"相比,"双基建"在促进企业异地投资方面的作用更强,表明"双基建"在促进企业异地投资上具有叠加效应,并且叠加效应只存在于先成为"宽带中国"试点再开通高铁城市的企业中。由于不同企业在异地投资的意愿、能力和所受政府限制上存在差异,这会使"双基建"对异地投资的促进作用,进而对资本要素市场空间整合的推动作用在不同企业中有所差异。具体而言,在非国有企业、较大规模企业、面临较小本地市场规模的企业中,"双基建"对企业异地投资的促进作用比较显著,因而对资本要素市场空间整合的推动作用更大。此外，研究还发现"双基建"能强化企业异地投资对经营绩效的提升作用。

　　基于以上研究结论，笔者得到以下几点政策启示。首先，政府可通过出台基础设施投资税收优惠、贷款便利等政策，吸引包括企业、社会团体等各方力量，投入到基础设施建设中去，进一步完善基础设施建设。目前，我国基础设施建设总体上虽发展较快，但在边远和经济不发达地区，基础设施建设水平仍相对落后，远远不能满足经济与社会发展需求，在这些地区积极开展基础设施建设，能显著促进企业异地投资，提高资本要素市场空间整合水平，加速全国统一市场建设，从而畅通国内大循环。其次，关注"双基建"对企业异地投资的叠加效应。本节研究表明，"双基建"对企业异地投资的促进作用比"单基建"更强，因此，在"单基建"城市进一步转变为"双基建"城市过程中，要加强不同基础设施建设间的协调与配合，充分利用"双基建"的协同作用，最大限度发挥其对企业异地投资的叠加效应，加快资本要素市场空间整合进程。最后，进一步强化微观市场主体的经营决策权，减少和杜绝地方政府的不合理干预。笔者研究发现，地方政府要尊重市场规律，减少对微观市场主体的行政干预，真正发挥市场对资源配置的决定性作用，充分保障企业的经营决策权；同时，地方政府应该把工作重心放在优化营商环境和提供优质公共服务方面，降低企业异地投资经营的行政门槛，为企业异地投资经营活动营造良好环境。这样有利于国有企业开展异地投资经营活动，促进全国统一大市场的建设。

4.2　城市群扩容对区域资本流动的影响

　　长江三角洲城市群地区是中国经济发展的旗帜和风向标，在经济发展过程中一直起着示范和引领作用，它是我国最早通过组建城市群方式来推动区域经济一体化发展的地区，长江三角洲城市群（以下简称长三角）现已成为我国一体化程度最高、经济活力最强、创新能力最突出的区域之一。通过长三角扩容推动区域一体化发展，是打破区域市场分割与壁垒的有效手段，它可以弱化城市间的行政边界，推动区域内城市相互沟通、交流与协商，避免出现城市间各自为政、以邻为壑的现象，这必然会促进资本等要素在区域内的自由流动。长三角扩容在多大程度上促进了区域资本流动？其促进区域资本流动的机制是什么？这都需要展开深入研究才能予以科学解答，才可以更好利用长三角扩容政策促进区域资本流动，加速区域资本要素市场空间整合，以畅通国内大循环。

4.2.1 关于区域一体化扩容的研究综述

在区域一体化扩容对经济社会发展影响的研究上，国外学者通常以欧盟为研究对象，主要分析了欧盟扩容对经济增长、工资与就业、外商直接投资（FDI）、收入分配等的影响。然而，欧盟扩容是基于国家层面研究国际组织吸收各国后对其成员国的影响，而一国内部区域合作组织进行扩容，对被扩容地区造成何种影响，国外学者则较少涉及这一课题。

近年来，国内学者在借鉴欧盟相关研究的基础上，利用中国城市群扩容的准自然实验，主要从经济增长、技术创新、产业结构升级、全要素生产率、生态环境等方面对城市群扩容的影响展开了深入探讨。刘乃全和吴友在 2017 年的研究中认为，长三角扩容可以显著促进会员城市经济增长，并且对新进城市经济增长的促进作用更大；丁焕峰等在 2020 年指出，珠三角扩容虽然在短期内对个别新进城市的经济增长产生了不利影响，但从长期来看对所有新进城市经济增长均具有显著促进作用；但王全忠和彭长生在 2018 年认为，由于产业结构趋同的不利影响，加入长三角城市协调会对经济的拉动作用有限。董春风和何骏在 2021 年认为，长三角扩容对城市群的创新能力具有显著提升作用，并且创新能力的提升在原位城市中最为突出；闫东升等在 2022 年的研究中发现，长三角扩容可以通过提升要素集聚、促进市场整合、强化创新联系等渠道，显著提高城市群创新水平。加入长三角城市协调会能显著推动城市群产业结构升级，但据赵海峰和张颖在 2020 年的研究，在原位城市与新进城市中存在明显的异质性；张建坤和曾龙在 2020 年，郑军等人在 2021 年提出，长三角扩容引致的地方政府合作有利于区域产业结构升级，显著促进了产业结构合理化与高度化。张跃在 2020 年的研究中认为，长三角地区政府间合作显著提高了城市层面全要素生产率；安礼伟和蒋元明于 2020 年基于企业微观层面视角的研究发现，长三角扩容持续提升了区域内先进制造业企业的全要素生产率，这一提升作用在非国有企业和出口企业中表现更突出。熊立新和宁佳钧在 2022 年指出，长三角扩容对原位城市和整体城市污染排放有显著抑制作用；但有研究如赵领娣和徐乐在 2019 年的研究认为，长三角扩容降低了废水处理效率，增强了排放强度，不利于改善城市群生态环境。此外，一些学者还关注了城市群扩容对 FDI 强度、企业出口、劳动力错配、区域立法协同的作用。有两篇文献与本节的研究密切相关，一篇是蔡欣磊等在 2021 年探讨长三角扩容对资本配置效率的影响；另一篇是李言在 2022 年研究长三角扩容对资本生产率的作用。这两篇文献均认为区域一体化通过缓解和消除各种壁垒问题，促进了区域资本流动，从而提高了资本配置效率和生产率。但他们把关注的重点放在了长三角扩容对资本配置效率和生产率的作用上，把长三角扩容促进区域资本流动作为不证自明的假设条件，没有在理论和实证上详细论证长三角扩容在多大程度上影响区域资本流动，以及如何影响区域资本流动。

为此，笔者以 2010 年、2013 年长三角扩容作为准自然实验，运用纠偏合成控制法研究长三角扩容对区域资本流动的影响，随后详细分析长三角扩容影响资本流动的理论机制，并采用简单和有调节的中介效应模型对影响机制进行实证检验。本节研究的边际贡献在于：第一，长三角区域一体化在 2010 年、2013 年有两次重要扩容，但现有文献基本只以 2010 年扩容作为准自然实验开展研究，忽略了 2013 年扩容的影响，笔者则将两次扩容都考虑在内，这使研究更为全面；第二，合成控制法通常无法完全复制处理组个体在政策干预前的预测变量和结果变量，导致合成控制估计量是渐进有偏的，为此，笔者采用纠偏合成控制法对估计偏差进行矫正，以得到更精确、更可靠的估计结果；第三，在进行中介效应分析时，考虑到中介作用可能会受到其他因素的调节，故笔者在中介效应模型中引入调节变量，采用有调节的中介效应模型对长三角扩容影响区域资本流动的理论机制进行实证检验。

4.2.2 理论分析与研究假设

4.2.2.1 长三角扩容影响区域资本流动的机制

在我国"财政分权"体制下，地方官员晋升通常与本地经济发展密切相关，基于经济竞争的政治晋升对地方政府政策的制定有重要影响，地方官员会不自觉形成保护主义倾向，通过市场分割手段制造各种有形或无形壁垒，以阻碍资本等要素跨区域自由流动。但根据张学良等人 2017 年的研究城市群扩容能够推动区域一体化发展，有效缓解和消除区域市场分割问题，从而促进区域资本流动。城市群扩容能够为地方政府提供沟通、交流和协商平台，可为城市群在市场开放与准入、基础设施互联互通、优势资源互补、科技基础设施与平台共建共享等领域的合作提供便利条件，有助于打破原有行政边界的阻隔，缓解地方保护和市场分割问题，遏制城市间的过度和无序竞争态势，建立高效规范、公平竞争、充分开放的区域统一市场，促进资本等要素跨地区自由流动。

此外，城市群扩容推动区域一体化发展有助于企业异地并购的开展，从而促进区域资本流动。城市群扩容后，地方政府可以通过各种平台进行沟通与协商，彼此间协作水平明显提高，这会减弱企业在异地并购过程中所遭受的行政壁垒强度，有助于企业异地并购交易的达成；同时，正如杨继彬等人2021年提出的，区域一体化发展可以缩短并购时间、降低并购成本与费用、提高并购效率，推动企业异地并购的开展，进而促进区域资本流动。

基于以上理论分析，笔者提出假设5：

假设5：长三角扩容对区域资本流动具有显著促进作用。

4.2.2.2 产业分工、金融发展的中介作用

城市群扩容推动区域一体化发展能优化区域产业分工格局，从而促进区域资本流动。根据"中心—外围"理论，区域一体化发展有利于促进产业集聚与互补、深化产业分工，推动区域内各城市在更大范围内根据资源禀赋、区位优势、比较优势发展各自的特色产业，完善城市群产业空间布局，降低产业同构程度，从而优化区域产业分工格局。长三角不同城市间的经济发展水平存在差异，客观上为城市间产业梯度转移提供了有利条件，使其成为优化产业分工格局的重要途径。长三角在扩容过程中，会员城市都特别重视区域内产业空间转移问题。2010年，长三角协调会专门讨论了城市群内的产业转移与承接事宜，提出会员城市应抓住城市群扩容的有利时机，遵循产业生命周期发展规律，积极推动产业梯度转移与承接。长三角扩容在地域上为上海等沿海发达城市的产业转移提供了广阔空间，皖江城市带承接产业转移示范区的建立，也对安徽省顺利承接沿海发达城市的传统产业提供了有利条件。产业梯度转移进行的过程中，必然伴随着资金、物品等资源在城市间流动，从而促进区域资本流动。

城市群扩容推动区域一体化发展有利于提升区域金融发展水平，从而促进区域资本流动。首先，城市群扩容能助力区域金融一体化发展。区域一体化有助于弱化行政边界与壁垒，消除金融机构因地方分治而导致的某些弊

端，为不同地区金融机构开展业务往来与合作提供便利，地区间金融机构交易的开展便会促进区域资本流动。其次，城市群扩容可为金融机构发展壮大提供良好外部环境。区域一体化有利于发挥市场对资源配置的决定性作用，降低政府干预程度，这会减少金融机构在异地设立分支机构的行政审批环节，节约设立分支机构的时间成本和各种行政费用，有助于金融机构根据市场需求和自身发展需要在异地设立分支机构，金融机构总部与异地分支机构间的资金往来便会促进区域资本流动。最后，城市群扩容可以帮助金融机构扩大金融服务空间范围，推动金融机构发展。区域一体化可以助力基础设施互联互通，不仅能降低金融机构为异地企业提供金融服务所需的交通、通信等交易成本，还可以缓解因信息不对称造成的交易效率低下问题，促使交易达成。金融机构为异地企业提供金融服务便会促进区域资本流动。

基于以上理论分析，笔者提出以下假设：

假设 6a：产业分工在长三角扩容影响区域资本流动中起着正向中介作用，即长三角扩容可以通过推动产业分工，进而促进区域资本流动。

假设 6b：金融发展在长三角扩容影响区域资本流动中起着正向中介作用，即长三角扩容可以通过推动金融发展，进而促进区域资本流动。

4.2.2.3 制度环境的调节作用

制度经济学认为，制度环境对各类市场主体的经济活动具有重要影响，因此，上面论述的产业分工和金融发展在长三角扩容影响区域资本流动中所起的中介作用，会受到制度环境的影响，即长三角扩容在推动产业分工和金融发展过程中会受到制度环境的影响（对中介作用前半路径进行调节），产业分工和金融发展在促进区域资本流动过程中也会受到制度环境的影响（对中介作用后半路径进行调节）。

制度越不完善，城市群扩容对优化区域产业分工格局的作用就越弱。制度不完善最明显的特征是政府对市场过度干预，导致市场化程度偏低，市场机制在政府干预下无法发挥应有作用，市场主体在低市场化条件下开展区域分工的收益可能无法完全弥补其成本，产业分工只能在低水平上进行。因此，制度越不完善，越会阻碍城市群扩容对区域产业分工的优化作用，反之则反。前面提到产业空间转移是实现区域产业分工的一种重要途径，除此之外，产业分工还可以通过在同一地区不同产业间相互转化（将一种产业资本转化为另一种产业资本）的方式实现。前者可以促进区域资本流动，后者则不能。笔者认为，不同制度环境下，两者在区域产业分工中所扮演的角色不同，对区域资本流动的作用也不同。制度越不完善，产业分工对区域资本流动的促进作用会越弱。法律法规不健全、知识产权保护力度不够是制度不完善的一种表现，这种情况下，市场主体在不同地区进行产业转移，会面临较大风险；相较而言，市场主体由于对本地法律法规更熟悉，与政府关系更紧密，在本地区不同产业间相互转化所承担的风险相对较小，产业分工会更多地采用该方式实现。因此，制度越不完善，越会阻碍产业分工对区域资本流动的促进作用，反之则反。

制度越不完善，城市群扩容对金融发展的推动作用就越弱。首先，制度越不完善，市场发育程度越低，信息不透明、不对称的情况越普遍，导致不同地区金融机构在业务往来与合作中需要付出较高成本，不利于区域金融一体化发展。其次，制度越不完善，政府对金融机构的干预力度越大，金融机构在异地设立分支机构面临的壁垒就越高，不利于金融机构发展壮大。最后，制度越不完善，金融机构为异地企业提供金融服务时需付出的非市场化代价越高，不利于金融机构扩大服务的空间范围。制度越不完善，金融发展对区域资本流动的促进作用会越弱。利润最大化这一目标是由资本逐利性决定的。因此，制度越不完善，区域资本流动需要克服的阻力越大，付出的代价就越高，这极大损害了资本所能获得的利润；此外，不完善的制度还会使资本在跨地区流动中面临较大的不确定性和风险，不利于区域资本流动。因此，制度越不完善，越会阻碍金融发展对区域资本流动的促进作用。

基于以上理论分析，笔者提出以下假设：

假设7a：产业分工的中介作用在中介过程的前半路径和后半路径均会受到制度环境的正向调节，即制度越完善，长三角扩容对产业分工的优化作用越强；同时，产业分工对区域资本流动的促进作用也会越强。

假设7b：金融发展的中介作用在中介过程的前半路径和后半路径均会受到制度环境的正向调节，即制度越完善，长三角扩容对金融发展的推动作用越强；同时，金融发展对区域资本流动的促进作用也会越强。

4.2.3 研究设计

4.2.3.1 研究方法

阿巴迪（Abadie）和加德亚萨瓦尔（Gardeazabal）2003年在研究西班牙巴斯克地区恐怖活动的经济成本时首次提出了合成控制法，该方法现已被广泛应用于政策评估领域。使用合成控制法进行政策评估时具有以下一些优点：第一，合成控制法可以通过数据来确定控制组的最优权重，避免了研究者主观选择控制组的随意性，从而避免了政策内生性问题；第二，合成控制法通过对控制组个体进行加权以模拟处理组个体在政策实施前的情况，能够清晰地呈现出每个控制组个体对"反事实"事件的贡献；第三，最优权重的非负属性使合成控制法能够避免"过分外推"偏差。合成控制法只能评估单个研究对象的政策效果，当存在多个处理组个体时，现有文献通常的做法是：对这些处理组个体进行简单或加权平均得到一个处理组个体，然后再进行合成控制分析。但对多个处理组个体取平均的做法存在两个缺陷：一是多个处理组个体的异质性被忽略了；二是当多个处理组个体受到政策干预的时间点不同时，将多个个体取平均得到单一个体的办法则不再适用。对于存在多个处理组个体的情形，专家建议先对每个处理组个体逐一进行合成控制分析以得到其处理效应，然后再对多个处理效应进行加权平均以获得平均处理效应。此外，如果多个处理组个体受到政策干预的时间点不同，则需先将日历时间转换成事件时间，对每个处理组个体分别进行合成控制估计以获得个体处理效应，然后再将个体处理效应按事件时间进行"堆叠"，最后再进行加权平均得到平均处理效应。以下笔者将详细介绍多个处理组个体在非同期受到政策干预情形下，合成控制法的基本原理。

假设可以观测到 $I+J$ 个个体 T 期的结果变量 Y_{jt}，其中，$j=1$，…，I 为受扩容政策干预的处理组个体，$j=I+1$，…，$I+J$ 为不受扩容政策干预的控制组个体，处理组个体 i 在时期 $t=T_{0i}$（$1 \leq T_{0i} \leq T$）受到扩容政策干预，记 Y_{jt}^{N} 为个体 j 在时期 t 未受到扩容政策干预时的结果变量，Y_{jt}^{I} 为个体 j 在时期 t 受到扩容政策干预时的结果变量。处理组个体 i 在扩容政策干预后（$t \geq T_{0i}$）的处理效应为：

$$\tau_{it} = Y_{it}^{I} - Y_{it}^{N} \tag{4.4}$$

在扩容政策干预后，Y_{it}^{I} 可以直接观测到，其值为 Y_{it}，"反事实"的 Y_{it}^{N} 却无法观测到，但如果可以找到与处理组个体 i 对应的控制组个体的权重向量 $W_{i}=(w_{i,\,I+1},\,\cdots,\,w_{i,\,I+J})'$，使其在政策干预前，对控制组个体进行加权合成所得到的预测变量和结果变量与处理组个体 i 十分接近，则在政策干预后，可将该权重向量对控制组个体的结果变量进行加权合成，从而得到处理组个体 i 在政策干预后结果变量的估计值 $\widehat{Y_{it}^{N}}$：

$$\widehat{Y}_{it}^{N} = \sum_{j=I+1}^{I+J} w_{i,j} \, Y_{jt} \qquad (4.5)$$

故单个处理组个体 i 处理效应的估计值为：

$$\widehat{\tau}_{it} = Y_{it} - \widehat{Y}_{it}^{N} \qquad (4.6)$$

在有多个处理组个体情况下，对平均处理效应进行估计更具实际意义。如果多个处理组个体在同一时期受到政策干预，即 $T_{0i} = T_0$，则仅需对估计的处理效应计算加权平均即可；如果受到政策干预时间点不同，则需先将日历时间转换成事件时间，即对于处理组个体 i，笔者将其受到政策干预当期的时间设定为 $e(T_{0i}) = 0$，再将多个个体的处理效应按事件时间进行"堆叠"，然后计算加权平均：

$$\widehat{\tau}_e = \sum_{i=1}^{I} \gamma_i \widehat{\tau}_{ie} = \sum_{i=1}^{I} \gamma_i (Y_{ie} - \widehat{Y}_{ie}^{N}), \ e = 0, 1, 2, \cdots \quad (4.7)$$

其中，$\gamma_i \geq 0$，为处理组个体 i 的权重，$\sum \gamma_i = 1$。

因此，要估计平均处理效应 $\widehat{\tau}_e$，关键是要确定权重向量 $W_i = (w_{i,I+1}, \cdots, w_{i,I+J})'$。该向量需满足如下要求：其对控制组个体进行加权合成所得的预测变量与处理组个体 i 尽可能接近，即处理组与其合成控制预测变量的如下欧式距离最小：

$$\min_{W_i} \left(\sum_{h=1}^{m} v_{ih} (X_{i,h} - w_{i,I+1} X_{I+1,h} - \cdots - w_{i,I+J} X_{I+J,h})^2 \right)^{1/2}$$

$$s.t. \sum_{j=I+1}^{I+J} w_{i,j} = 1, \ w_{i,j} \geq 0 \, \forall j \in \{I+1, \cdots, I+J\} \qquad (4.8)$$

其中，$X_{i1}, \cdots, X_{im}$ 为 m 个对结果变量有影响的预测变量；$v_{i1}, \cdots, v_{im}$ 为处理组个体 i 的 m 个预测变量的权重，其大小取决于预测变量对结果变量的相对重要性。显然，通过求解式（4.8）所得的最优权重向量 W_i^* 与预测变量的权重 $v_{i1}, \cdots, v_{im}$ 有关，因此，需要先确定预测变量的最优权重 $v_{i1}^*, \cdots v_{im}^*$，然后再求解式（4.8）以确定最优权重向量 $W_i^*(v_{i1}^*, \cdots v_{im}^*)$。对于预测变量最优权重 $v_{i1}^*, \cdots, v_{im}^*$，可以采用政策干预前，使结果变量均方预测误差（mean squared prediction error，MSPE）最小化的办法获得，具体细节详见阿巴迪等人 2010 年的论文。

"反事实"的合成控制通常无法完全复制处理组个体在政策干预前的预测变量和结果变量，因此会导致"内插偏差"，即合成控制估计量是渐进有偏的（Abadie 和 Gardeazabal，2003）。为此，威尔特希尔（Wiltshire）

在 2021 年，本·迈克尔（Ben-Michael）等在 2021 年提出了一个偏差校正（Bias Correction，BC）方法，即纠偏合成控制法来解决该偏差。其原理为：对于处理组个体 i，使用其控制组个体政策干预前的结果变量对预测变量进行回归，得到样本回归函数 $\hat{\mu}_t(x)$，再将政策干预后处理组和控制组个体预测变量的值分别代入 $\hat{\mu}_t(x)$，即可估计得到政策干预后处理组和控制组个体结果变量的估计值 $\hat{\mu}_{it}(X_i)$、$\hat{\mu}_{jt}(X_j)$，记 $\widetilde{Y}_{it} = Y_{it} - \hat{\mu}_{it}(X_i)$，$\tilde{Y}_{it}^N = \sum\limits_{j=I+1}^{I+J} w_{i,j}(Y_{jt} - \hat{\mu}_{jt}(X_j))$，然后将日历时间转换成事件时间，则处理组个体 i 经过偏差校正的处理效应为：$\hat{\tau}_{ie}^{BC} = \widetilde{Y}_{ie} - \tilde{Y}_{ie}^N = (Y_{ie} - \hat{\mu}_{ie}(X_i)) - \sum\limits_{j=I+1}^{I+J} w_{i,j}(Y_{je} - \hat{\mu}_{je}(X_j))$，多个处理组个体经偏差校正的平均处理效应为：

$$
\begin{aligned}
\hat{\tau}_e^{BC} &= \sum_{i=1}^{I} \gamma_i \hat{\tau}_{ie}^{BC} = \sum_{i=1}^{I} \gamma_i(\widetilde{Y}_{ie} - \tilde{Y}_{ie}^N) \\
&= \sum_{i=1}^{I} \gamma_i \left\{ [Y_{ie} - \hat{\mu}_{ie}(X_i)] - \sum_{j=I+1}^{I+J} w_{i,j}[Y_{je} - \hat{\mu}_{je}(X_j)] \right\}
\end{aligned}
\tag{4.9}
$$

在下文的实证分析中，笔者将采用纠偏合成控制法分析长三角扩容对区域资本流动的影响。

4.2.3.2 变量说明

（1）结果变量。

本节拟分析长三角扩容对区域资本流动的影响，故将区域资本流动水平作为结果变量。对于资本流动，现有文献通常测度的是资本流入与流出相抵后的资本净流动，这可能会严重低估资本流动水平，因为即使资本净流动规模较小，也存在着流入与流出规模都较大的可能性。考虑到引力模型已成功运用于不同空间区位内的流量分析（如两国间的贸易等），因此，笔者拟在区域资本流动测度中运用改进的引力模型，对资本流入与流出规模进行双向测度，以更精确地衡量区域资本流动水平。考虑到资本流动规模通常与资本形成总额和企业数量正相关，与地理距离负相关，同时根据资本逐利的特性，本书采用如下改进的引力模型对资本流动进行测算：

$$
kf_{ijt} = \frac{\sqrt{K_{it} E_{it}} \sqrt{K_{jt} E_{jt}}}{d_{ij}^2} \times \frac{\mathrm{MPK}_{jt}}{\mathrm{MPK}_{-jt}}
\tag{4.10}
$$

其中，kf_{ijt} 为时期 t 从城市 i 流入城市 j 的资本；K_{it}、K_{jt} 分别为城市 i、j

在时期 t 的资本形成总额（鉴于数据可得性，拟用固定资产投资表示）；E_{it}、E_{jt} 分别为城市 i、j 在时期 t 的规模以上工业企业数；d_{ij}^2 表示城市 i 与 j 之间地理距离的平方；MPK_{jt} 为城市 j 在时期 t 的资本边际产出，其值越大，从城市 i 流入城市 j 的资本越多，MPK_{-jt} 为时期 t 城市 j 以外其他城市以资本存量为权重，加权平均得到的资本边际产出，其值越大，从城市 i 流入城市 j 的资本越少。同样，也可以测算从城市 j 流入城市 i 的资本：

$$kf_{jit} = \frac{\sqrt{K_{jt}\,E_{jt}}\,\sqrt{K_{it}\,E_{it}}}{d_{ji}^2} \times \frac{\mathrm{MPK}_{it}}{\mathrm{MPK}_{-it}} \qquad (4.11)$$

利用式（4.10）和式（4.11），逐一计算从城市 i 流入其他城市的资本、从其他城市流入城市 i 的资本并求和，可以测算出城市 i 资本流入与流出的总规模，然后除以该城市的 GDP 以衡量其资本流动水平 Y_{it}。

需要说明的是，研究中的结果变量是指长三角区域内的资本流动水平，因此，对长三角会员城市（处理组）而言，测算的是该城市与其他会员城市间的资本流动，对其他城市（控制组）而言，测算的也是该城市与长三角会员城市间的资本流动，无论是处理组还是控制组，均不包括它们与长三角会员城市以外其他城市的资本流动，这样测算的区域资本流动水平才与本节的研究目的相匹配。

（2）预测变量。

基于资本流动影响因素的相关理论和研究，笔者将影响区域资本流动的预测变量设定为：市场规模（lnms）、经济发展水平（lnpgdp）、交通基础设施（trans）、政府干预程度（gov）、外资依存度（fdi）、信息化水平（info）、产业结构（indus）、人口密度（lnpop）。市场规模（lnms）扩大可为市场主体带来规模经济效应，能够降低成本，提高利润，从而吸引资本流入，笔者拟用社会消费品零售总额的对数表示。经济发展水平（lnpgdp）对资本流动有重要影响，随着经济发展水平的提高，资本等要素的流转会更加活跃，笔者拟用人均 GDP 的对数表示。交通基础设施（trans）建设可以降低物质资本流动成本，提高流动效率，从而促进资本跨地区流动，笔者拟用人均道路面积表示。政府干预程度（gov）越高，通常越不利于资本流动，原因在于，很多情况下政府对市场的干预往往带有地方保护性质，阻碍了经济资源自由流动，笔者拟用地方财政一般预算内支出与 GDP 之比表示。相比而言，外资受到政府行政干预程度较浅，因此随着外资依存度（fdi）提高，资本流动性会增强，笔者拟用实际利用外资与 GDP 之比表示。信息化水平（info）对异地交易有重要影响，信息化水平提高能有效降低异地交易成本，提高交易效率，有利于异地交易达成，从而促进资本跨区域流动，笔者拟用电信业务收入与 GDP 之比表示。随着新兴产业不断发展和落后产业逐渐淘汰，产业结构（indus）转型升级能起到资源再配置作用，有利于推动资本等要素流动，笔者拟用第三产业与第二产业增加值之比表示。人口密度（lnpop）越高的地区，市场潜力越大，对资本吸引力越强，越有利于资本流入，笔者拟用每平方千米常住人口的对数表示。

4.2.3.3　样本选择与数据来源

笔者以 2004—2023 年中国 285 个地级以上城市作为研究样本，其中，长三角城市群扩容后的 30 个会员城市是处理组，其他城市则为控制组。研究中所使用的数据主要来源于《中国统计年鉴》、《中国城市统计年鉴》、中国经济社会大数据研究平台、国研网统计数据库、EPS 数据库和各城市统计年鉴。表 4.9 给出了各变量的描述性统计。

表 4.9　变量描述性统计

变量名	变量含义	样本容量	均值	标准差	最小值	最大值
Y	资本流动水平	5 700	0.454 7	0.864 6	0.011 2	7.387 3
lnms	市场规模	5 700	6.734 8	1.246 4	2.694 3	10.342 7
lnpgdp	经济发展水平	5 700	11.735 3	0.796 4	8.325 7	12.647 4
trans	交通基础设施	5 700	6.746 4	5.863 5	0.367 4	67.474 8
gov	政府干预程度	5 700	0.126 3	0.060 6	0.041 6	1.475 8
fdi	外资依存度	5 700	0.043 6	0.028 9	0.000 3	0.395 6
info	信息化水平	5 700	0.031 1	0.027 3	0.001 3	0.196 4
indus	产业结构	5 700	1.436 7	1.006 5	0.196 5	13.642 7
lnpop	人口密度	5 700	6.174 9	0.664 5	4.268 1	8.347 5

4.2.4　实证分析

4.2.4.1　长三角扩容对区域资本流动的影响

本节是以 2010 年、2013 年长三角扩容作为准自然实验，使用纠偏合成控制法考察其对区域资本流动的影响。由于多个处理组个体受到政策干预的时间点不同，故笔者在分析中需将日历时间转换为事件时间。此外，对于多个处理组个体，在分析平均处理效应时应确定个体权重 γ_i，为此，笔者将权重设定为根据前述改进的引力模型测算得到的双向资本流动总规模。

图 4.3 给出了长三角 2010 年和 2013 年两次扩容对资本流动的影响。结果显示，扩容政策实施前，平均处理效应围绕在横轴附近波动，表明加权合成的"反事实"对象能够对扩容政策实施前处理组个体的资本流动水平进行较好拟合。扩容政策实施后，平均处理效应呈现出明显的正向偏离横轴的态势，表明 30 个长三角会员城市实际资本流动水平明显高于合成的"反事实"资本流动水平，因此，长三角扩容确实能促进会员城市间的资本流动，提高区域资本流动水平。从扩容政策实施的当期到实施后第 6 期，资本流动水平最少提高了约 5.06%（第 0 期），最多提高了约 15.75%（第 3 期），平均提高了约 11.09%，表明长三角扩容对区域资本流动具有较强促进作用。

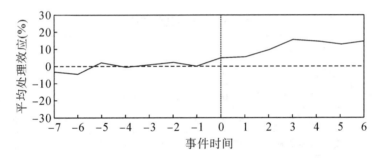

图 4.3　长三角扩容对区域资本流动的影响

4.2.4.2　基于安慰剂原理的显著性检验

2021 年 Abadie 和 L′Hour 认为，对纠偏合成控制法而言，基于大样本理论的统计推断方法并不适合对其统计显著性进行评价，但可以借助统计学中的排列检验加以评判。威尔特希尔（Wiltshire）在 2021 年提出了一个基于安慰剂原理的均方预测误差之比的排序 P 值检验，从而解决了纠偏合成控制法的显著性检验问题。该方法的思路为：首先，对每个处理组个体 i（$i = 1$，…，I），将它的控制组个体 j 逐一进行安慰剂检验（处理组个体 i 对应的控制组个体数用 J_i 表示），即假定这些控制组个体也受到了"虚假"的政策干预，对它们进行纠偏合成控制估计以得到一系列安慰剂处理效应 $\widehat{\tau}_{i,j}^{BC}$。其次，对每个处理组个体 i，在 J_i 个安慰剂处理效应中任选一个，可得到 I 个安慰剂处理效应，然后使用与式（4.7）相同的权重 γ_i，对这 I 个安慰剂处理效应进行加权平均就可得到安慰剂平均处理效应。鉴于每个处理组个体有 J_i 个安慰剂处理效应，故一共存在 $N_G = \prod\limits_{i=1}^{I} J_i$ 个安慰剂平均处理效应，显然，即使 I 和 J_i 都不大，N_G 也会变得非常大，致使实际操作变得不可行，因此，实践中通常随机选择 S（$S < N_G$）个安慰剂平均处理效应用于检验。记平均处理效应为 $\hat{\bar{\tau}}_{se}^{BC}$（$s = 0, 1, 2, \cdots, S$），$s = 0$ 表示真实平均处理效应，$s = 1, 2, \cdots, S$ 表示 S 个安慰剂平均处理效应。对于真实处理组和 S 个安慰剂处理组，分别计算它们在政策干预后与干预前均方预测误差的比值 RMSPE_{sE}：

$$\mathrm{RMSPE}_{sE} = \frac{\sum_{e=0}^{E} \hat{\bar{\tau}}_{se}^{BC\,2} / (E + 1)}{\sum_{e=-1}^{E_1} \hat{\bar{\tau}}_{se}^{BC\,2} / (-E_1)} , \quad s = 0, 1, 2, \cdots, S, \ E = 0, 1, 2, \cdots, E_2$$

(4.12)

其中，E_1（$E_1 < 0$）为政策干预前的时期数，E_2 为政策干预后的时期数（不含政策干预当期）。对于任一事件时间 E，根据式（4.12）都可以计算出 $S+1$ 个均方预测误差之比（一个真实的和 S 个安慰剂的），然后通过式（4.13），便可得均方预测误差之比排序 P 值：

$$P_{\mathrm{RMSPE}_E} = \frac{\sum_{s=1}^{S} I[\mathrm{RMSPE}_{sE} \geq \mathrm{RMSPE}_{0E}]}{S + 1}$$

(4.13)

其中，$I[\cdot]$ 为示性函数，如果括号中的表达式为真，取值为 1，反之，取值为 0；RMSPE_{0E} 为真实处理组的均方预测误差之比；RMSPE_{sE} 为安慰剂处理组的均方预测误差之比。根据式（4.13）计算的 P 值，就可对真实平均处理效应进行显著性检验。除了上面介绍的均方预测误差之比排序 P 值检验外，还有一个简单排序 P 值也可用于显著性检验。该方法基于安慰剂检验的结果，在干预后的每一期对真实和安慰剂平均处理效应按降序进行排序，根据真实平均处理效应的排名，计算出简单排序 P 值用于显著性检验。图 4.4 给出了纠偏合成控制法安慰剂检验的结果（$S = 100$，即图 4.4 中包含 1 个真实平均处理效应和 100 个安慰剂平均处理效应）。

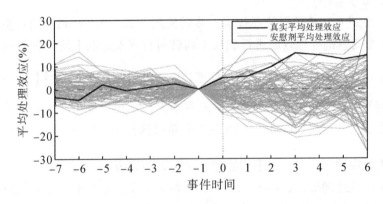

图 4.4　安慰剂检验

在图 4.4 安慰剂检验结果的基础上，笔者分别计算了扩容政策实施后各期的均方预测误差之比排序 P 值和简单排序 P 值，结果如表 4.10 所示。从均方预测误差之比排序 P 值检验结果看，扩容政策实施后各期真实均方预测误差之比的排名比较靠前，真实平均处理效应至少在 10% 的水平上显著。由简单排序 P 值检验结果可知，除了扩容政策实施一年后（第 1 期）真实平均处理效应不显著外，其他各期至少在 10% 的水平上显著（对简单排序 P 值检验而言，由于某些安慰剂检验在政策干预前对结果变量不能进行良好拟合，即政策干预前安慰剂平均处理效应远离横轴，这会导致其在政策干预后安慰剂平均处理效应偏大，使简单排序 P 值检验结果的显著性下降，因此，该检验的显著性略低也在情理之中）。基于上述两个排序 P 值检验结果，笔者认为，真实平均处理效应在统计上是显著的，即长三角扩容对区域资本流动具有显著促进作用，研究假设 5 得到了验证。

表 4.10　显著性检验

事件时间	均方预测误差之比排序 P 值检验			简单排序 P 值检验		
	真实均方预测误差之比	排名	P 值	真实平均处理效应	排名	P 值
0 期	8.464 9	6	0.059 4	0.053 2	6	0.059 4
1 期	8.215 3	7	0.069 3	0.076 4	11	0.108 9
2 期	9.475 4	5	0.049 5	0.097 8	5	0.049 5
3 期	21.753 3	1	0.009 9	0.160 3	1	0.009 9
4 期	25.356 4	1	0.009 9	0.147 3	2	0.019 8

表4.10(续)

事 件时 间	均方预测误差之比排序 P 值检验			简单排序 P 值检验		
	真实均方预测误差之比	排名	P 值	真实平均处理效应	排名	P 值
5 期	18.648 2	2	0.019 8	0.131 1	2	0.019 8
6 期	21.785 9	4	0.039 6	0.147 9	6	0.059 4

注：1. P 值=排名/（S+1），S=100；2. 笔者也将安慰剂检验的数量增至 200 和 300，当 S=200、S=300 时，显著性检验结果与 S=100 时基本保持一致。

4.2.4.3 反事实检验

笔者通过前述分析发现，扩容政策干预后，长三角区域资本流动水平有了显著提高，但这也可能是由其他不可观测的偶然因素造成的。为排除这种可能性，笔者假设两次扩容政策分别发生在 2008 年和 2011 年，使用"虚假"处理期进行反事实检验。鉴于实际扩容政策发生在 2010 年和 2013 年，如果长三角区域资本流动水平的显著提高是由偶然因素造成的，则在"虚假"处理期的当年和后续一年（第 0 期和第 1 期），平均处理效应会显著大于零，反之，则不然。图 4.5 给出了使用"虚假"处理期的检验结果。结果表明，平均处理效应在第 0 期和第 1 期比较小，且不显著；当扩容政策真实干预后，平均处理效应在第 2 期以后显著大于零。反事实检验结果说明，长三角区域资本流动水平的显著提高不是由不可观测的偶然因素引起的，而是由扩容政策造成的。

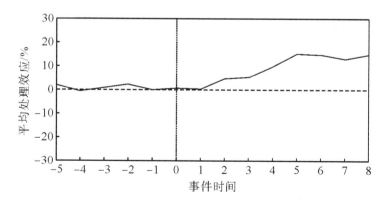

图 4.5 反事实检验

4.2.4.4 稳健性检验

本小节将对前述实证结果的稳健性展开分析，具体地，笔者将从更换控制组、调整预测变量、改变估计方法等几个方面进行稳健性检验。

（1）更换控制组。

由于处理组基本是由东部沿海地区经济较发达城市构成，而控制组中有相当多城市的经济发展水平相对落后，如果控制组与处理组个体在经济特征上存在较大差异，则会导致（纠偏）合成控制估计量出现偏差（Abadie 和 Gardeazabal，2003）。为此，笔者将控制组确定为经济发展水平较高的 70 个大中城市（为了防止处理组城市同时也是控制组城市，如果某个处理组城市是 70 个大中城市之一，则将该城市从控制组中剔除），再次使用纠偏合成控制法进行估计，结果如图 4.6 所示。扩容政策实施前，平均处理效应围绕在横轴附近波动；扩容政策实施后，平均处理效应出现了明显的正向偏离横轴的态势。更换控制组后，平均处理效应的走势与上文中的图 4.3 基本保持一致，且扩容政策实施前后，平均处理效应的大小与图 4.3 相比也没有太大变化。这表明更换控制组不会造成实质性影响，研究结论具有良好的稳健性。

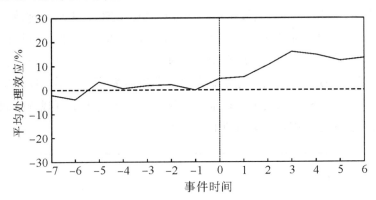

图 4.6　稳健性检验 I：更换控制组

（2）改变估计方法。

在政策评估文献中，双重差分法（DID）是学者普遍采用的方法，但经典 DID 方法仅适用于多个个体均在同期受到政策干预的情形，对于多个个体在非同期受到政策干预的情形，如果仍然使用经典 DID 方法，则有可能导致估计结果是有偏的。为此，笔者采用卡拉威（Callaway）和圣安娜（Sant'Anna）在 2021 年提出的针对多个个体在非同期受到政策干预的 CSDID 方法进行估计，结果如表 4.11 所示。由表 4.11 可知，扩容政策实施后，各期平均处理效应至少在 5% 的水平上显著大于零，与前述根据纠偏合成控制法估计得到的结果基本一致，这再次表明本书的研究结论是稳健的。

表 4.11　稳健性检验 II：CSDID 估计

事件时间	平均处理效应	t 值	P 值	95%置信区间
0 期	0.072 7	2.33	0.022	［0.010 5，　0.134 9］
1 期	0.041 7	4.58	0.000	［0.021 3，　0.062 1］
2 期	0.084 6	5.59	0.000	［0.057 9，　0.111 3］
3 期	0.110 2	2.22	0.031	［0.013 3，　0.207 1］
4 期	0.128 5	3.51	0.000	［0.032 9，　0.224 0］
5 期	0.143 5	4.61	0.000	［0.085 6，　0.201 3］
6 期	0.159 9	5.76	0.000	［0.104 3，　0.215 5］

4.2.4.5　异质性检验

考虑到长三角扩容对原位城市和新进城市区域资本流动的影响可能存在差异，因此，笔者将 2010 年扩容前已经是长三角会员的城市作为原位城市，2010 年扩容后新加入的城市作为新进城市，分别分析扩容政策对原位城市和新进城市区域资本流动的影响。图 4.7、图 4.8 的分析结果表明，扩容政策实施后，原位城市各期平均处理效应均显著大于零，而新进城市在扩容政策实施的当期和下一期（第 0 期和第 1 期），平均处理效应虽然为正，但不显著；此外，扩容政策实施后，原位城市资本流动水平平均提高了约 12.58%，而新进城市仅提高了约 7.13%，因此，长三角扩容对原位城市区域资本流动的促进作用要强于新进城市。导致这种差异可能的原因是：由于原位城市大多是经济发展和开放水平较高的城市，对新进城市的资本有较大吸引力，扩容后原有的在新进城市间的资本流动会部分转移到原位城市，这促进了原位城市与新进城市间的资本流动，但同时也会减少新进城市间的资本流动，因此，对新进城市而言，相反的两种力量使其在扩容政策实施不久后，资本流动水平并没有得到显著提高。但随着时间的推移，长三角协调会等磋商机制的作用不断显现，新进城市间有了更多沟通、交流和协商机会，经贸联系不断加强，这又会逐渐强化新进城市间的资本流动，使得在扩容政策实施一段时间后，新进城市的资本流动水平才得以显著提高。

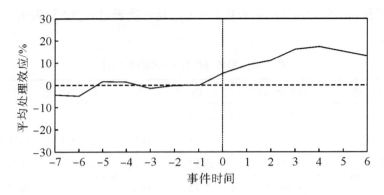

图4.7 原位城市

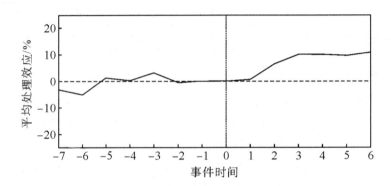

图4.8 新进城市

4.2.5 机制检验

在理论分析中，笔者详细论述了长三角扩容如何影响区域资本流动，接下来，笔者将利用简单和有调节的中介效应模型对影响机制进行实证检验。首先，笔者拟采用简单中介效应模型对假设6a、假设6b进行检验，模型构建如下：

$$Y_{it} = \beta_0 + \beta_1 \text{treat1}_{it} + \beta_2 \text{treat2}_{it} + \theta \text{ control}_{it} + \mu_i + \lambda_t + \varepsilon_{it} \quad (4.14)$$

$$\text{divi}_{it} = \beta_3 + \beta_4 \text{treat1}_{it} + \beta_5 \text{treat2}_{it} + \rho \text{ control}_{it} + \mu_i + \lambda_t + \varepsilon_{it}$$

$$(4.15)$$

$$\text{finan}_{it} = \beta_6 + \beta_7 \text{treat1}_{it} + \beta_8 \text{treat2}_{it} + \gamma \text{ control}_{it} + \mu_i + \lambda_t + \varepsilon_{it}$$

$$(4.16)$$

$$Y_{it} = \beta_9 + \beta_{10} \, \text{treat1}_{it} + \beta_{11} \, \text{treat2}_{it} + \beta_{12} \, \text{divi}_{it} + \beta_{13} \, \text{finan}_{it} + \eta \, \text{control}_{it}$$
$$+ \mu_i + \lambda_t + \varepsilon_{it} \tag{4.17}$$

其中，Y_{it} 为区域资本流动水平；treat1_{it} 表示 2010 年扩容虚拟变量，其取值规则为：2010 年扩容前取值为 0，2010 年扩容后取值为 1；treat2_{it} 表示 2013 年扩容虚拟变量，其取值规则为：2013 年扩容前取值为 0，2013 年扩容后取值为 1；产业分工 divi_{it}、金融发展 finan_{it} 为中介变量；产业分工用长三角 19 个行业从业人数计算的城市间产业结构差异程度加以衡量（陈国亮和唐根年，2016），金融发展用金融机构存贷款总额占地区 GDP 的比重表示；control_{it} 为控制变量，与前文纠偏合成控制法中使用的预测变量相同；μ_i 为城市个体效应，λ_t 为时间效应，ε_{it} 为随机扰动项。

为了验证中介作用是否受到调节，笔者拟采用有调节的中介效应模型对假设 3a、假设 3b 进行检验，模型构建如下：

$$Y_{it} = \beta_0 + \beta_1 \, \text{treat1}_{it} + \beta_2 \, \text{treat2}_{it} + \theta \, \text{control}_{it} + \mu_i + \lambda_t + \varepsilon_{it} \tag{4.18}$$

$$\text{divi}_{it} = \beta_3 + \beta_4 \, \text{treat1}_{it} + \beta_5 \, \text{treat2}_{it} + \beta_6 \, \text{ins}_{it} + \beta_7 \, \text{treat1}_{it} \times \text{ins}_{it}$$
$$+ \beta_8 \, \text{treat2}_{it} \times \text{ins}_{it} + \rho \, \text{control}_{it} + \mu_i + \lambda_t + \varepsilon_{it} \tag{4.19}$$

$$\text{finan}_{it} = \beta_9 + \beta_{10} \, \text{treat1}_{it} + \beta_{11} \, \text{treat2}_{it} + \beta_{12} \, \text{ins}_{it} + \beta_{13} \, \text{treat1}_{it} \times \text{ins}_{it}$$
$$+ \beta_{14} \, \text{treat2}_{it} \times \text{ins}_{it} + \gamma \, \text{control}_{it} + \mu_i + \lambda_t + \varepsilon_{it} \tag{4.20}$$

$$Y_{it} = \beta_{15} + \beta_{16} \, \text{treat1}_{it} + \beta_{17} \, \text{treat2}_{it} + \beta_{18} \, \text{divi}_{it} + \beta_{19} \, \text{finan}_{it} + \beta_{20} \, \text{ins}_{it}$$
$$+ \beta_{21} \, \text{divi}_{it} \times \text{ins}_{it} + \beta_{22} \, \text{finan}_{it} \times \text{ins}_{it} + \eta \, \text{control}_{it} + \mu_i + \lambda_t + \varepsilon_{it}$$
$$\tag{4.21}$$

其中，ins_{it} 为制度环境，在关健等人 2022 年的研究基础上，笔者拟用市场化指数加以表示；其他变量的含义与式（4.14）~（4.17）中的相同；式（4.18）与式（4.14）保持一致；式（4.19）、式（4.20）在式（4.15）、式（4.16）的基础上加入了制度环境及其与两个扩容虚拟变量的交互项，以反映在中介作用前半路径中制度环境的调节作用；式（4.21）在式（4.17）的基础上加入了制度环境及其与产业分工、金融发展的交互项，以反映在中介作用后半路径中制度环境的调节作用。

表 4.12 报告了简单中介效应估计结果。第（1）列给出了基于式（4.14）的估计结果，β_1、β_2 显著为正，意味着长三角两次扩容均能显著促进区域资本流动，与前文纠偏合成控制法所得结论一致。第（2）列、第（3）列分别给出了基于式（4.15）、式（4.16）的估计结果，β_4 与 β_5、β_7 与 β_8 显著为正，意味着长三角两次扩容对产业分工、金融发展均具有显著

推动作用；第（4）列给出了基于式（4.17）的估计结果，β_{12}、β_{13} 显著为正，意味着产业分工、金融发展可以显著促进区域资本流动。第（2）～（4）列的估计结果表明，产业分工、金融发展在长三角扩容影响区域资本流动中确实起着正向中介作用，假设 6a、假设 6b 得到了验证。此外，由于第（4）列中的 β_{10}、β_{11} 显著，表明存在部分中介作用，即长三角扩容是部分而非完全通过产业分工、金融发展来促进区域资本流动的。

表 4.12 影响机制检验 I：简单中介效应分析

变量	(1)	(2)	(3)	(4)
	Y_{it}	$divi_{it}$	$finan_{it}$	Y_{it}
$treat1_{it}$	0.617 6*** (0.165 1)	0.594 2*** (0.138 7)	0.232 8** (0.103 6)	0.562 6*** (0.151 1)
$treat2_{it}$	0.582 3*** (0.176 1)	0.894 7*** (0.208 8)	0.478 3*** (0.134 7)	0.335 8*** (0.114 3)
$divi_{it}$				0.065 2*** (0.017 8)
$finan_{it}$				0.175 7*** (0.047 9)
控制变量	是	是	是	是
城市个体效应	是	是	是	是
时间效应	是	是	是	是
样本容量	600	600	600	600
校正 R^2	0.532 7	0.349 8	0.425 6	0.613 8

注：括号内的数值表示估计系数的聚类稳健标准误，***、**、*分别表示在 1%、5%、10% 的水平上显著。

表 4.13 报告了有调节的中介效应估计结果。第（1）列的结果与表 4.12 第（1）列完全一致。第（2）列、第（3）列分别基于式（4.19）、式（4.20）给出了制度环境在中介过程前半路径调节作用的分析结果，扩容虚拟变量与制度环境的交互项系数 β_7 与 β_8、β_{13} 与 β_{14} 均显著为正，表明制度越完善，长三角扩容对产业分工、金融发展的推动作用越强；第（4）列基于式（4.21）给出了制度环境在中介过程后半路径调节作用的分析结果，产业分工、金融发展与制度环境的交互项系数 β_{21}、β_{22} 均显著为正，表明制度越完善，产业分工、金融发展对长三角区域资本流动的促进作用越强。因此，产业分工、金融发展的中介作用在中介过程前半路径和后半

路径均会受到制度环境的正向调节，假设 7a、假设 7b 得到了验证。此外，第（2）~（4）列中制度环境的系数 β_6、β_{12}、β_{20} 均显著为正，表明制度环境自身可对产业分工、金融发展、区域资本流动起到正向促进作用。

表 4.13 影响机制检验 II：有调节的中介效应分析

变量	（1）	（2）	（3）	（4）
	Y_{it}	divi_{it}	finan_{it}	Y_{it}
treat1_{it}	0.617 6*** (0.165 1)	0.467 2*** (0.145 8)	0.197 5*** (0.057 5)	0.402 2*** (0.136 3)
treat2_{it}	0.582 3*** (0.176 1)	1.053 7*** (0.186 9)	0.476 2*** (0.156 4)	0.192 5** (0.087 8)
divi_{it}				0.053 7** (0.024 9)
finan_{it}				0.181 2*** (0.058 3)
ins_{it}		0.267 3*** (0.073 8)	0.235 8*** (0.063 1)	0.198 8*** (0.064 2)
$\text{treat1}_{it} \times \text{ins}_{it}$		0.164 7*** (0.052 1)	0.155 6*** (0.051 1)	
$\text{treat2}_{it} \times \text{ins}_{it}$		0.165 8** (0.073 3)	0.153 8** (0.071 2)	
$\text{divi}_{it} \times \text{ins}_{it}$				0.115 3** (0.052 9)
$\text{finan}_{it} \times \text{ins}_{it}$				0.075 2** (0.033 6)
控制变量	是	是	是	是
城市个体效应	是	是	是	是
时间效应	是	是	是	是
样本容量	600	600	600	600
校正 R^2	0.532 7	0.389 3	0.458 2	0.635 2

注：括号内的数值表示估计系数的聚类稳健标准误，***、**、*分别表示在 1%、5%、10% 的水平上显著。

4.2.6 本节小结

2020 年 10 月，党的十九届五中全会明确提出，要加快构建以国内大循环为主体、国内国际双循环相互促进的新发展格局。畅通国内大循环，要打破各种阻碍要素流动的壁垒，促进要素自由流动以建立统一大市场。长三角是我国开放水平最高、经济活力最强、创新能力最突出的区域之一，其在扩容过程中有力促进了要素自由流动，对畅通国民经济循环起到了至关重要的作用。笔者以 2010 年、2013 年长三角扩容作为准自然实验，选取 2004—2023 年 285 个城市作为研究样本，运用纠偏合成控制法研究了长三角扩容对区域资本流动的影响，同时详细分析了长三角扩容影响资本流动的理论机制，并采用简单和有调节的中介效应模型对影响机制进行了实证检验。

研究得到了以下结论：①长三角扩容对区域资本流动具有显著促进作用，从不同方面展开的各种检验均支持该结论。②长三角扩容对区域资本流动的影响存在异质性，扩容对原位城市区域资本流动的促进作用要强于新进城市。③产业分工、金融发展在长三角扩容影响区域资本流动中起着正向中介作用，即长三角扩容可以通过推动产业分工、金融发展，进而促进区域资本流动。④产业分工、金融发展的中介作用在中介过程前半路径和后半路径均会受到制度环境的正向调节，即制度越完善，长三角扩容对产业分工和金融发展的推动作用越强，同时，产业分工和金融发展对区域资本流动的促进作用也会越强。

根据研究结论，笔者提出以下几点政策建议：首先，推动长三角会员城市间的深度协调与融合，避免扩容政策形式化与表面化，从而实现长三角扩容利益最大化。要充分发挥长三角城市协调会工作机制和平台的作用，推动长三角会员城市间的沟通、交流与协商，避免城市间出现各自为政、以邻为壑现象，破除地方政府保护和各种显性与隐性市场壁垒，以促进长三角区域资本流动，推动资本要素市场空间整合，加快建立统一、开放、竞争、有序的区域大市场，从而畅通国内大循环。其次，积极推动长三角会员城市间产业梯度转移，优化产业分工格局。一方面，要推动上海等沿海发达城市传统产业向安徽省转移，同时引导发达地区的产业向产业链高端迁移；另一方面，要提升安徽省各地级市承接产业转移能力，完善所需的软硬件配套设施，为承接产业转移创造有利条件。通过发达地区产业高端化、沿海与内陆地区高效的产业转移与承接，最终形成完整、合理的上下游产业价值链，优化产业分工格局。再次，促进长三角区域金融合作，提高区域金融一体化水平。要建立地方政府与金融监管部门、金融机构的合作协调机制，将金融合作纳入各地政府合作框架，降低按行政区划设置监管机构带来的不利影响。此外，地方政府与监管部门还应明确在区域金融合作中的定位。作为政策制定者，政府应把重点放在调控和协调上，着力搭建金融合作框架，建立金融合作平台，调解金融合作中的矛盾，为充分发挥市场机制提供有利条件。最后，逐步完善制度环境，为市场主体经营活动营造良好外部条件。要打造有利于公平竞争的市场环境，建立健全市场主体进入和退出机制；要建立便捷高效的政务环境，推动政务工作标准化建设；要完善生产经营相关法律法规，加大知识产权保护力度；要构建健康的政商生态环境，在平等的基础上建立新型政商关系。

4.3 营商环境对区域资本流动的影响

自从提出"放管服"改革以来，营商环境问题就被广泛关注。2014年的政府工作报告首次提出优化营商环境是转变政府职能的关键所在。优化营商环境要降低市场主体面临的制度性成本，促进各类市场主体公平竞争，公平地获得各种生产要素。必须坚持权利公平、机会公平、规则公平，依法保障各类市场主体放心地参与生产与经营。要认真清除各种隐性限制，依法依规放宽市场准入，对国有企业、民营企业，大型企业、小微企业，本地企业、外来企业做到一视同仁，平等对待。崔鑫生在2020年提出，营商环境作为影响市场主体经营的综合环境之一，对身处其中的所有市场主体的经营活动均会产生重要影响，其中就包括对资本要素跨地区流动的影响。因此，笔者在本节中将详细分析营商环境是如何影响区域资本流动的。

4.3.1 关于营商环境的研究综述

营商环境对经济发展的重要作用已在学术界达成了广泛共识，相关研究主要从如何科学准确地评价营商环境以及营商环境造成了哪些影响两方面展开。李志军等人在2019年对中国地级市的营商环境展开了评价研究，他们基于市场环境、创新环境、金融服务、人力资源、政府效率、公共服务6个方面构建了6个一级指标、18个二级指标、23个三级指标的营商环境评价体系，对全国290个地级及以上城市的营商环境展开了系统评价。进一步地，李志军在2021年还对我国六大城市群的营商环境展开了分析，结果显示，六大城市群之间的营商环境的差距比较大，其中粤港澳大湾区城市群的营商环境水平在六大城市群中居于首位；同时，某些城市群内部不同城市间的营商环境也存在较大差距，其中京津冀城市群内部各城市间的营商环境差距是最大的。在省级层面营商环境评价研究上，张三保等人2020年基于"国际可比、对标世行、中国特色"原则，建立了中国省级层面营商环境评价指标体系，对各省份营商环境展开了评价研究。他们建立的评价营商环境的指标体系包括政务、法律政策、人文、市场4个一级指标，政策透明、政府效率、政府廉洁、政府关怀、司法公正、社会信用、竞争公平、市场中介、创新、融资、资源获取、对外开放12个二级指标。其分析表明，我国不同省份之间的营商环境具有差异，且各子环境发展的均衡度存在不同特征。考虑到中国不同区域之间存在较大差别，一些学者对我国具体省份的营商环境展开了研究。如许晓冬和刘金晶在2020年针对我国不同区域的具体情况，构建了市场化、国际化、便利化、法治化4个方面的一级指标、26个二级指标的评价体系，对江苏、山东、辽宁三个省份的营商环境展开了详细评价，结果发现，江苏省的营商环境最优，辽宁省最弱，山东省介于两者之间。

在营商环境评价基础上，一些学者进一步对营商环境的影响进行了研究。冯笑等人在2018年围绕行政审批效率如何影响制造业出口这一问题展开了分析。他们发现提高行政审批效率可以显著促进制造业企业的出口绩效，进一步对影响机制分析表明，政府建立行政审批中心，能大幅提高审批效率、规范收费标准，有效降低了交易成本，进而降低了制造业企业的市场准入门槛，并提高了生产率。制度环境是营商环境的关键环节，戴魁早在2015年研究了由要素市场、产品市场、非国有经济、政府与市场关系、法律制度5方面构成的制度环境对知识产出效率的作用，他们的研究结果显示，优化这五方面的制度环境能显著提高知识生产效率。有学者认为制度环境对创业有重要作用（如李新春和肖宵，在2017年的研究），一方面，稳定的制度环境可以经由合法性机制作用于创业；另一方面，当现有制度发生变革产生新制度时，会对创业机会、资源和激励等产生影响，进而影响创业（如李加鹏等人2020年的研究）。王博和朱沆在2020年指出，制度环境变革速度对机会型创业可能会产生两种不同的作用：一方面，它会打破原有均衡，从而产生新的创业机会；另一方面，它还会产生不确定性，从而推高机会型创业成本和失败风险。同时，制度变革速度所产生的影响还取决于个体特征，拥有众多资源与更富进取精神的个体更易受不确定性的影响，也更愿意进行创业尝试。

综上所述，已有文献对营商环境进行了大量和深入探讨，为我们的研究提供了坚实的理论与实证基础，但依然存在一些未尽之处：营商环境对企业经营的空间布局必然会产生影响，进而会影响到资本在区域间的流动，但现有文献鲜有探究营商环境是如何影响区域资本流动的。为此，笔者将基于2004—2023年中国省级层面的数据，使用空间面板计量模型，实证分析营商环境对区域资本流动的影响。

4.3.2 研究设计

由于不同省份间的资本流动并不是孤立的，很有可能存在着空间依赖性，因此，在使用计量模型分析营商环境对区域资本流动的影响之前，有必要确认在模型中是否存在空间效应，如果存在就应该采用空间计量模型进行分析，否则，就应使用普通计量模型。

4.3.2.1 空间相关性检验方法

文献中检验空间相关性的指标主要有全局 Moran's I 指数、Geary's C 指数、Getis-Ord's G 指数、Cliff-Ord Statistic、Joint-count Statistic 等。笔者将选取全局 Moran's I 指数、Geary's C 指数来进行空间相关性检验。一般来说，全局 Moran's I 指数、Geary's C 指数通常只能用于截面数据的空间计量模型，无法对面板数据空间计量模型进行空间相关性检验。为此，笔者借鉴李立等人2015年的做法，使用分块矩阵 K 代替全局 Moran's I 指数和 Geary's C 指数中的传统空间权重矩阵，则这两个指数就可以扩展到面板数据的空间相关性检验中。分块空间权重矩阵的运算如式（4.22）所示。

$$K = I_T \otimes W \tag{4.22}$$

其中，K 为 $NT \times NT$ 的分块矩阵，用以替代传统的空间权重矩阵；I_T 为 $T \times T$ 单位矩阵；W 为 $N \times N$ 的传统空间权重矩阵；$\otimes$ 为克罗内克积。相应的全局 Moran's I 指数和 Geary's C 指数分别如式（4.23）和式（4.24）所示。

$$\text{Moran's } I = \frac{n \sum_{i=1}^{n} \sum_{j=1}^{n} k_{i,j} (x_i - \bar{x})(x_j - \bar{x})}{\sum_{i=1}^{n} \sum_{j=1}^{n} k_{i,j} (x_i - \bar{x})^2} \tag{4.23}$$

$$\text{Geary's } C = \frac{(n-1) \sum_{i=1}^{n} \sum_{j=1}^{n} k_{i,j} (x_i - x_j)^2}{2 \left(\sum_{i=1}^{n} \sum_{j=1}^{n} k_{i,j} \right) \left(\sum_{i=1}^{n} (x_i - \bar{x})^2 \right)} \tag{4.24}$$

其中，x_i、x_j 分别为地区 i 和 j 相应变量的取值；$k_{i,j}$ 反映了地区 i 和 j 之间的关联程度，即分块空间权重矩阵相应的元素；$\bar{x} = \sum_{i=1}^{n} x_i/n$；Moran's I 的取值介于 -1 到 1，大于 0 表示存在正的空间相关性，小于 0 表示存在负的空间相关性，等于 0 表示不存在空间相关性；Geary's C 的取值一般介于 0 到 2（2 不是严格上限），大于 1 表示存在负的空间相关性，小于 1 表示存在正的空间相关性，等于 1 表示不存在空间相关性。如果空间相关性检验结果表明地区间确实存在空间依赖性，笔者将采用面板数据空间计量模型进行分析。

4.3.2.2　空间面板计量模型选择方法

在省份间存在空间效应的前提下，如果忽视省份间的空间依赖性和溢出效应，进行普通面板模型估计，将不可避免地造成估计结果的偏误，因此，笔者将引入空间计量模型进行分析。经典的空间计量模型主要有空间滞后模型（SAR）、空间误差模型（SEM）和空间杜宾模型（SDM）。埃洛斯特（Elhorst）在 2003 年、李（Lee）和余（Yu）在 2010 年、勒萨热（Lesage）和帕斯（Pace）在 2010 年分别将模型引入面板数据分析中，提出了面板数据空间滞后模型（SAR-Panel）、面板数据空间误差模型（SEM -Panel）和面板数据空间杜宾模型（SDM -Panel），各模型具体形式如下。

面板数据空间滞后模型：

$$y_{it} = \rho w_i' y_t + x_{it}' \beta + \mu_i + \gamma_t + \varepsilon_{it} \tag{4.25}$$

面板数据空间误差模型：

$$y_{it} = x_{it}' \beta + \mu_i + \gamma_t + \xi_{it}, \xi_{it} = \lambda w_i' \xi_t + \varepsilon_{it} \tag{4.26}$$

面板数据空间杜宾模型：

$$y_{it} = \rho w_i' y_t + x_{it}' \beta + w_i' X_t \delta + \mu_i + \gamma_t + \varepsilon_{it} \tag{4.27}$$

其中，x_{it}' 为解释变量向量，β 为解释变量的系数向量，w_i' 为空间权重矩阵 W 的第 i 行，$w_i' y_t = \sum_{j=1}^{n} w_{ij} y_{jt}$，$w_{ij}$ 为空间权重矩阵 W 的 (i, j) 元素，ρ 为空间自回归系数或空间滞后系数，反映不同地区被解释变量间的空间依赖性，$w_i' \xi_t = \sum_{j=1}^{n} w_{ij} \xi_{jt}$，$\lambda$ 为空间误差系数，衡量不同地区随机扰动项之间的空间相关性，$w_i' X_t \delta$ 为解释变量的空间滞后项，δ 刻画了其他地区的解释变量对本地区被解释变量的空间影响，μ_i、γ_t 分别为个体和时期效应，ε_{it}、ξ_{it} 为服从正态分布的随机扰动项。与普通面板数据模型一样，面板空间计量模型也可分为固定效应和随机效应模型，对空间面板模型而言，经典的

Hausman 检验不再适用，笔者将借鉴陈青青等人 2012 年提出的空间 Hausman 检验来对固定效应和随机效应作出选择。

对于在三个模型中如何进行选择的问题，笔者拟采取如下思路。根据安塞尔（Anselin）和洛拉（Florax）在 1995 年的建议，如果空间滞后模型的 LM 检验比空间误差模型 LM 检验更显著，并且空间滞后模型的稳健 LM 检验显著，而空间误差模型的稳健 LM 检验不显著，则空间滞后模型比空间误差模型更合适；反之，如果空间误差模型的 LM 检验比空间滞后模型 LM 检验更显著，并且空间误差模型的稳健 LM 检验显著，而空间滞后模型的稳健 LM 检验不显著，则空间误差模型比空间滞后模型更合适。根据以上规则就可以在面板数据空间滞后和空间误差模型中进行选择，一旦检验结果表明空间误差模型更合适，则笔者将采用该模型进行分析。如果检验结果表明空间滞后模型更合适，则还需进行进一步的检验。观察上文中的式（4.25）、式（4.27）可知，空间杜宾模型是在空间滞后模型的基础上加入了解释变量的空间滞后项，即空间杜宾模型还考察了其他地区的解释变量对本地区被解释变量的空间影响，因此与空间滞后模型相比，空间杜宾模型显得更为全面和完善。但在其他地区的解释变量对本地区被解释变量不存在空间影响的条件下，如果选用了空间杜宾模型会导致引入过多的解释变量，造成模型自由度的损失，从而使估计精度下降。因此，如果上述规则表明空间滞后模型更合适，笔者将进一步使用 LR 检验对解释变量的空间滞后项系数全为零的原假设进行检验，如果拒绝全为零的原假设则表明空间杜宾模型更合适；反之，说明空间滞后模型更合适。

需要注意的是，在省份间存在空间效应的条件下，如果使用 OLS 进行估计，会得到有偏且非一致的估计结果，故笔者将采纳李（Lee）和余（Yu）在 2010 年、埃洛斯特（Elhorst）在 2010 年提出的建议，使用准极大似然估计法（QMLE）进行估计。

4.3.2.3 变量与数据

（1）被解释变量。

在本节，实证分析中的被解释变量为省级层面的区域资本流动，其数据根据本书第三章中介绍的引力模型法计算得到。

（2）核心解释变量。

核心解释变量为营商环境，各省营商环境数据借鉴李志军在 2022 年的评价方法，从市场环境、创新环境、金融服务、人力资源、政务环境、法治环境和公共服务方面构建 7 个一级指标、18 个二级指标、23 个三级指标进行综合评价。

（3）控制变量。

研究中所用到的控制变量包括：经济发展水平（用人均 GDP 的对数表示）、市场规模（用社会消费品零售总额的对数表示）、政府干预程度（用地方财政一般预算内支出与 GDP 之比表示）、外资依存度（用实际利用外资与 GDP 之比表示）、产业结构（用第三产业与第二产业增加值之比表示）、人口密度（用每平方千米常住人口的对数表示）。

研究中所使用的数据主要来源于国研网统计数据库、EPS 数据库、《中国统计年鉴》、中国经济社会大数据研究平台和各省份的统计年鉴。

4.3.3　实证结果与分析

4.3.3.1　空间相关性分析结果

根据前文介绍的式（4.23）、式（4.24）的计算方法，此处使用 Stata 软件计算得到的 Moran's I 指数、Geary's C 指数及其标准化指数 Z（I）和 Z（C）如表 4.14 所示。

表 4.14　四种空间权重矩阵下的空间相关性检验

空间权重矩阵	W_a	W_d	W_e	W_n
Moran's I	0.356 4	0.335 3	0.297 6	0.414 6
Z（I）	7.582 6***	9.296 4***	6.463 7***	8.283 1***
P 值	0.000 0	0.000 0	0.000 0	0.000 0
Geary's C	0.674 8	0.691 5	0.612 9	0.724 8
Z（C）	5.489 2***	6.389 2***	5.357 5**	6.748 3**
P 值	0.000 0	0.000 0	0.000 0	0.000 0

注：*、**、*** 分别表示在 10%、5%、1%的水平下是显著的。

从表 4.14 的计算结果看，在相邻空间权重矩阵 W_a、距离空间权重矩阵 W_d、经济距离空间权重矩阵 W_e、新经济距离空间权重矩阵 W_n 下（四种空间权重矩阵将在下文详细介绍），Moran's I 指数都为正，其标准化指数都是高度显著的；Geary's C 指数都在 0 到 1 之间，其标准化指数均至少在 5%的水平上是显著的，这都说明存在显著的正空间相关性，因此，在后续实证分析营商环境对区域资本流动的影响中需要考虑省份间的空间效应。

4.3.3.2 空间面板计量模型的确定

为了在面板数据空间滞后模型、空间误差模型和空间杜宾模型中选出最优模型，笔者先使用这 3 个模型分别进行估计，然后根据上文介绍的方法选择确定最优模型，并在此基础上展开后续研究。另外，为了与空间面板计量分析进行比较，本书也做了普通面板数据分析，分析结果如表 4.15 所示。

表 4.15　普通面板与三种空间面板模型分析结果

变量	(1)普通面板模型-FE	(2)SAR-FE	(3)SEM-FE	(4)SDM-FE
营商环境	6.379**	8.298***	7.639***	7.357***
	(2.764)	(1.657)	(1.586)	(1.576)
$W*$营商环境				5.852***
				(1.758)
控制变量	是	是	是	是
$W*$控制变量	——	——	——	是
常数项	10.349***	6.884***	8.247***	11.462***
	(2.368)	(1.362)	(1.609)	(1.571)
ρ		0.547[0.000]		0.521[0.000]
λ			0.453[0.000]	
LLF	−247.478	−203.583	−216.469	−198.234
AIC	0.859	0.763	0.829	0.749
LR Test ($W*X=0$)				23.485 9[0.003]
Hausman Test	37.409[0.000]	26.782[0.000]	28.538[0.000]	24.942[0.000]
LM-lag		38.127[0.000 0]	43.793[0.000 0]	
R-LM-lag		3.656[0.042]	4.538[0.024]	
LM-error		33.862[0.000]	40.347[0.000]	
R-LM-error		0.363[0.514]	0.276[0.625]	
AdjustedR^2	——	0.674	0.574	0.696
样本容量	600	600	600	600

注：*、**、*** 分别表示在 10%、5%、1% 的水平下是显著的；( ) 内的数值表示估计系数的标准误；[ ] 内的数值表示对应检验统计量的 P 值。

表 4.15 第（1）列给出的是普通面板分析，第（2）、第（3）、第（4）列是空间面板分析，空间面板分析中使用的权重矩阵都是相邻空间权重矩阵 W_a，即主对角线元素均为 0，非主对角线元素（i,j）的取值取决

于第 i 和第 j 个省份是否存在共同边界，如果存在共同边界，其值为1，否则，其值为0。对比普通面板和空间面板，虽然营商环境的系数符号是一致的，但空间面板分析中所估系数的显著性明显好于普通面板，并且空间面板的对数似然函数（LLF）都比普通面板大，而赤池信息准则（AIC）都比普通面板小，此外，第（2）、第（4）列空间滞后和空间杜宾模型中的空间自回归系数 ρ 都是高度显著的，第（3）列空间误差模型中的空间误差系数 λ 也是高度显著的，高度显著的 ρ 和 λ 佐证了空间相关性的存在。因此，使用空间面板分析比普通面板更合适。

再来看表4.15第（2）、第（3）列的空间滞后和空间误差模型，根据上文介绍的方法，笔者将对两者进行判断取舍。从表4.15第（2）列的空间滞后模型估计结果可以发现，空间滞后模型的 LM-lag 检验统计量（38.127 3）比 LM-error 检验统计量（33.862 9）更显著，其 R-LM-lag 检验统计量在5%的水平上是显著的，而 R-LM-error 检验统计量不显著；第（3）列空间误差模型的结果也是 LM-lag 检验统计量（43.790 3）比 LM-error 检验统计量（40.347 8）更显著，R-LM-lag 检验统计量在5%的水平上是显著的，而 R-LM-error 检验统计量不显著。此外，从对数似然函数（LLF）、赤池信息准则（AIC）和校正的 R^2 来看，空间滞后模型都优于空间误差模型。这表明空间误差模型比空间滞后模型更合适。

从前述式（4.25）和式（4.27）可知，空间杜宾模型是在空间滞后模型的基础上引入了解释变量的空间滞后，因此，从理论上看空间杜宾模型比空间滞后模型更完善。从实际情况看，表4.15第（4）列对解释变量空间滞后系数全为0的 LR 检验在1%的水平是显著的，表明部分或全部解释变量的空间滞后对被解释变量确实存在空间影响。另外空间杜宾模型的对数似然函数（LLF）、赤池信息准则（AIC）和校正的 R^2 也都好于空间滞后模型，故本书最终将使用空间杜宾模型分析营商环境对区域资本流动的影响。

4.3.3.3　空间权重矩阵的确定

前文在进行空间计量分析时所使用的是相邻空间权重矩阵 W_a，该权重矩阵是空间计量分析中使用最为广泛的权重矩阵。但该权重矩阵有两个缺陷：一是它只把空间效应局限在有共同边界的空间单元之间，如果两个空间单元没有共同边界，则它们之间就不存在空间效应，这显然与现实不符。两个省份即使没有共同边界，它们之间通常也存在相互的空间影响。

二是对于有共同边界的空间单元都给予相同的权重（都为 1），这也与现实不符。例如，省份 i 与 j、k 都存在共同边界，但省份 i 与 j 之间的经济联系更紧密，故应给予省份 i 与 j 更大的权重。为此，笔者将引入距离空间权重矩阵 W_d 和经济距离空间权重矩阵 W_e，这两个权重矩阵都能解决上述两个缺陷。距离空间权重矩阵的主对角线元素均为零，非主对角线元素 (i, j) 的取值为第 i 和第 j 个省份间球面距离（省份间的球面距离是用相应省会城市间的球面距离加以表示，数据来源于最新版的 Google Earth）的倒数，两个省份间的距离越近，其权重越大，反之，其权重越小。经济距离空间权重矩阵的主对角线元素均为零，非主对角线元素 (i, j) 的取值为 $1/|\overline{\text{GDP}_i} - \overline{\text{GDP}_j}|\ (i \neq j)$，$\overline{\text{GDP}_i}$ 为省份 i 在样本期间的人均实际 GDP（按 2000 年不变价格计算）的均值。如果两个省份的人均实际 GDP 的均值越接近，即经济发展水平越相近，其权重就越大，反之，其权重越小。

虽然距离空间权重矩阵和经济距离空间权重矩阵可以解决相邻空间权重矩阵的缺陷，但它们也存在不足，这两个矩阵中的元素所表征的两个省份间的相互影响是相同的，即它们关于主对角线是对称的，但现实情况通常是经济发展水平高的省份对经济发展水平低的省份能产生更大的空间影响。为此，笔者借鉴叶阿忠等人 2015 年的做法，引入新经济距离空间权重矩阵 W_n，具体形式如式 4.28 所示。

$$W_n = W_d \times diag(\overline{\text{GDP}_1}/\overline{\text{GDP}},\ \overline{\text{GDP}_2}/\overline{\text{GDP}},\ \cdots,\ \overline{\text{GDP}_n}/\overline{\text{GDP}})$$

$$(4.28)$$

其中，W_d 为距离空间权重矩阵，$\overline{\text{GDP}_i}$ 的含义如前所示，$\overline{\text{GDP}}$ 表示在 $\overline{\text{GDP}_i}$ 的基础上按省份平均的人均实际 GDP 的均值，$diag(\cdot)$ 表示对矩阵 W_d 的第 i 行乘以其括号中的第 i 个参数。新构造的权重矩阵不再是关于主对角线对称的，体现了经济发展水平高的省份对经济发展水平低的省份能产生更大空间影响的特点。下面笔者基于 4 种空间权重矩阵（空间权重矩阵都进行了行标准化处理），使用面板数据空间杜宾模型分析营商环境对区域资本流动的影响，分析结果如表 4.16 所示。

表 4.16　基于不同空间权重矩阵的 SDM 分析

变量	(1)权重矩阵 W_a	(2)权重矩阵 W_d	(3)权重矩阵 W_e	(4)权重矩阵 W_n
营商环境	7.357***	7.368***	6.127***	7.589***
	(1.576)	(1.781)	(1.638)	(1.662)
$W*$营商环境	5.852***	6.335***	5.852***	6.529***
	(1.758)	(2.027)	(1.921)	(2.126)
控制变量	是	是	是	是
$W*$控制变量	是	是	是	是
常数项	11.462***	9.375***	12.542***	10.869***
	(1.571)	(2.353)	(2.591)	(2.608)
ρ	0.521[0.000]	0.516[0.000]	0.575[0.000]	0.618[0.000]
LLF	−198.234	−187.267	−195.371	−175.901
AIC	0.749	0.752	0.725	0.712
LR Test ($W*X=0$)	23.485[0.003]	25.464[0.002]	23.362[0.003]	32.804[0.000]
Hausman Test	24.942[0.000]	23.357[0.000]	26.283[0.000]	25.175[0.000]
AdjustedR^2	0.696	0.708	0.685	0.751
N	600	600	600	600

注: *、**、*** 分别表示在 10%、5%、1% 的水平下是显著的; ( ) 内的数值表示估计系数的标准误; [ ] 内的数值表示对应检验统计量的 P 值, 本表第 (1) 列的估计结果由表 4.15 第 (4) 列复制所得。

比较表 4.16 中四种不同权重矩阵的估计结果可知, 营商环境及其空间滞后的估计系数符号都在 1% 的水平下显著为正; 各列的空间自回归系数 ρ 都是高度显著的, 其中, 第 (4) 列的系数值比其他三列都要大, 表明在新经济距离空间权重矩阵下, 各省份的资本跨地区流动对其他省份产生了更大的空间溢出效应; 第 (4) 列的对数似然函数、校正 R^2 比其他三列都大, 而赤池信息准则比其他三列都小, 这些都表明, 相比于第 (1)、(2)、(3) 列, 第 (4) 列的估计结果更理想。因此, 下文对模型的解释是基于表 4.16 第 (4) 列的估计结果得出的。

表 4.16 第 (4) 列估计得到的空间自回归系数 ρ 显著为正, 表明省份间的资本流动存在正的空间溢出效应, 即某个省份的资本流动水平提高会导致其他省份的资本流动水平也提高。这是因为当某个地区放松对资本流动的限制, 提供更公平高效的市场竞争环境时, 该地区会对其他地区的市

场主体产生更大吸引力，促使其他地区市场主体向该地区迁移，这会倒逼其他地区也争相放松对资本流动的限制，从而提高其资本流动水平。营商环境的系数显著为正，表明优化营商环境可以有效促进区域资本流动；营商环境的空间滞后系数也显著为正，表明随着其他地区营商环境的优化，本地的资本流动水平会提高。原因在于，当其他地区的营商环境优化后，为了与其他地区竞争，本地区也会采取各种措施优化营商环境，这既会激发本地市场主体的经济活力，也会增强对其他地区市场主体的吸引力，从而提高资本流动水平。

4.3.4 本节小结

本节中，笔者基于2004—2023年中国省级层面的数据，使用空间面板计量模型，实证分析了营商环境对区域资本流动的影响。研究得到了以下结论：①优化营商环境能显著提高区域资本流动水平，从而促进资本要素市场空间整合；②省份间的区域资本流动存在正的空间溢出效应，某个省份的资本流动水平提高会促使其他省份的资本流动水平也提高；③空间溢出效应不仅表现为不同省份间资本流动的相互影响，而且某一省份的资本流动还会受到其他省份营商环境的影响。

为了促进区域资本流动，早日实现资本要素市场空间整合，从而助力全国统一大市场建设和畅通国民经济循环，笔者认为各级地方政府应从如下几个方面入手：①采取各种措施优化营商环境以促进区域资本流动。第一，建立健全市场监管体系，加强市场监管力度，维护市场秩序，保障公平竞争；第二，完善知识产权保护的相关法律法规，加大知识产权保护力度，提高知识产权侵权成本，降低企业维权成本；第三，建立健全企业融资服务体系，加强政银企对接，拓宽企业融资渠道，降低企业融资成本；第四，推进政务服务标准化、规范化、便利化，提高政务服务效率，降低企业办事成本和时间成本；第五，加强政府诚信建设，规范政府行政行为，减少政府对企业的干预，保障企业合法权益；第六，通过降低税率、扩大减免税范围、提高税收优惠政策等方式，减轻企业税费负担，扩大企业盈利空间；②由于区域间存在空间溢出效应，各省级地方政府在制定和出台相关政策时不应该只考虑该政策在本省份的影响，还应考虑该政策对其他省份的影响以及其他省份对该政策的反应，这样才能增强政策的有效性。为此，各省级地方政府应该建立一个沟通与交流的机制或平台，在政策出台前应进行多方协商与商议；此外，中央政府应该站在全局的高度，从更高的层面起到统一指导和居中协调的作用，这样能从政策层面更好地促进区域资本流动、加快资本要素市场空间整合进程。

4.4 本章小结

在本章中，笔者对中国资本要素市场空间整合的影响因素进行了探讨，具体地，笔者从基础设施建设、城市群扩容和营商环境的视角出发，详细研究它们对资本要素市场空间整合（区域资本流动）的影响，并提出有针对性地促进资本要素市场空间整合的政策建议，加快资本要素市场空间整合进程，进而加快全国统一大市场的建设，畅通国内大循环。

在基础设施建设对资本要素市场空间整合的影响研究中，笔者使用2004—2023 年 A 股上市公司数据，基于企业异地投资视角，将高铁开通和"宽带中国"战略均视为一项准自然实验，使用交叠 DID 模型，实证分析交通与网络基础设施建设对资本要素市场空间整合的因果效应。研究发现，交通与网络基础设施建设能显著促进企业异地投资，进而推动资本要素市场空间整合，各种稳健性检验均支持这一结论。机制分析表明，缓解融资约束和推动技术创新是"双基建"促进企业异地投资的主要途径。进一步分析显示，与"单基建"相比，"双基建"具有更强的促进企业异地投资作用，表明"双基建"在促进企业异地投资上具有叠加效应，并且叠加效应只存在于先成为"宽带中国"试点再开通高铁的城市的企业中。由于不同企业在异地投资的意愿、能力和所受政府限制上存在差异，这会使"双基建"对异地投资的促进作用，进而对资本要素市场空间整合的推动作用在不同企业中有所差异。具体而言，在非国有企业、较大规模企业、面临较小本地市场规模企业中，"双基建"对企业异地投资的促进作用比较显著，因而对资本要素市场空间整合的推动作用更大。此外，研究还发现"双基建"能强化企业异地投资对经营绩效的提升作用。该节的研究拓展了基础设施建设对要素市场空间整合因果效应的研究，对加快全国统一大市场建设、畅通国民经济循环具有重要启示作用。

在城市群扩容对区域资本流动的影响研究中，笔者以 2010 年、2013年长三角扩容作为准自然实验，选取 2004—2023 年 285 个城市作为研究样本，运用纠偏合成控制法研究了长三角扩容对区域资本流动的影响，同时详细分析了长三角扩容影响资本流动的理论机制，并采用简单和有调节的中介效应模型对影响机制进行了实证检验。研究得到了以下结论：首先，长三角扩容对区域资本流动具有显著促进作用，从不同方面展开的各种检验均支持该结论；其次，长三角扩容对区域资本流动的影响存在异质性，扩容对原位城市区域资本流动的促进作用要优于新进城市；再次，产业分工、金融发展在长三角扩容影响区域资本流动中起着正向中介作用，即长三角扩容可以通过推动产业分工、金融发展，进而促进区域资本流动；最后，产业分工、金融发展的中介作用在中介过程前半路径和后半路径均会受到制度环境的正向调节，即制度越完善，长三角扩容对产业分工和金融发展的推动作用越强，同时，产业分工和金融发展对区域资本流动的促进作用也会越强。基于以上研究结论，笔者提出了一系列有针对性的政策建议。

在营商环境对区域资本流动的影响研究中，笔者基于2004—2023年中国省级层面的数据，使用空间面板计量模型，实证分析了营商环境是如何影响区域资本流动的。通过研究，笔者得到了以下几点结论：首先，优化营商环境能显著提高区域资本流动水平，从而促进资本要素市场空间整合；其次，省份间的区域资本流动存在正的空间溢出效应，某个省份的资本流动水平提高会导致其他省份的资本流动水平也提高；最后，空间溢出效应不仅表现为不同省份间资本流动的相互影响，而且某一省份的资本流动也会受到其他省份营商环境的影响。根据以上研究结论，笔者提出了几点有针对性的政策建议。

5 中国资本要素市场空间整合效应分析

资本要素市场空间整合对经济社会发展具有何种影响和作用一直是学者关心的问题。本章中，笔者拟对中国资本要素市场空间整合效应展开分析。已有文献主要关注的是资本要素市场整合在宏观经济方面的效应，如资本要素市场空间整合对经济增长、就业、出口、通货膨胀等的影响，对微观经济、社会和民生等方面效应的研究并不多见。为此，笔者在本章拟探究现有文献较少关注的各种效应，具体来说，笔者将分别研究资本要素市场空间整合对技术溢出、企业债务融资成本和区域房价联动的作用。

5.1 资本要素市场空间整合的技术溢出效应

技术溢出是推动技术创新和产业升级的关键因素，它使得新技术和知识在不同地区和产业间得以传播和应用。这种溢出效应不仅激发了企业的创新活力，还提升了整个产业的技术水平和生产效率，进而推动了经济的高质量发展。随着新技术的引入和应用，生产效率得到了显著提升，这不仅降低了生产成本，还提升了产品质量和效用，从而增强了企业的盈利能力和竞争力。技术溢出还能促进产业链的完善和协同，提升整个经济体系的运行效率。它可以推动产业结构的优化和转型，使经济从低附加值、低技术含量的产业向高附加值、高技术含量的新兴产业转变。这种转变不仅为经济增长注入了新动力，还提高了国民经济的总量和效率，为实现经济的可持续发展奠定了坚实基础。技术溢出可为新的产业创造就业机会，同时这些岗位也需要具备相应技能和素质的劳动力来胜任。这不仅增强了劳动力市场的灵活性和适应性，还促进了劳动力素质的提升和人力资源的优化配置，为经济的持续发展提供了有力支持。由此可见，技术溢出在经济社会发展中扮演着重要角色。而技术往往以资本作为载体，随着资本要素市场空间整合程度的增强，区域资本流动性也不断增强，促进了技术在地区间的扩散，从而产生了技术溢出效应。因此，彻底厘清资本要素市场空间整合的技术溢出效应对经济社会发展具有重要意义。

5.1.1 关于技术溢出的研究综述

技术进步是维持经济长期增长的关键因素。要实现技术进步，主要有两条路径：自主创新、技术转移或扩散。伊顿（Eaton）和科图姆（Kortum）在 1999 年及凯勒（Keller）在 2004 年的研究表明，对于多数国家而言，技术进步更多地依赖于创新技术的外部转移和溢出，而非本国的独立研发，这一点在欠发达国家中尤为明显。由此可见，技术溢出对一国的技术进步和经济增长具有重要作用。技术溢出主要是指新技术在原始创新源以外的区域或国家得到应用和推广的过程，这个过程涉及知识、技能、管理经验等非自觉性的传播。这种传播可以发生在国际层面，如跨国公司之间的技术转移和国际贸易活动中的技术扩散；同时，它也可以发生在国内层面，如不同区域之间的技术合作与交流。根据科（Coe）和赫尔普曼（Helpman）1995 年提出的观点，技术溢出的机制主要包括模仿创新、竞争效应、人员流动和产业联动等多个方面。陈继勇和盛杨怿在 2008 年、傅元海等人在 2010 年实证验证了国际技术溢出对经济增长具有积极推动作用。在发达国家推动产业转移和技术外溢的背景下，欠发达国家能够利用学习效应和竞争效应，吸收并改进新技术，从而实现经济增长。根据李（Lee）05 年的研究，国际技术知识的主要传播方式包括国际贸易、外国直接投资（FDI）及无形渠道。Potterlsberghe 和 Lichtenberg2001 年、Driffield等人 2010 年的研究表明，对外直接投资（OFDI）是技术溢出的重要途径。此外，不同国家的技术溢出对其全要素生产率的影响也存在差异。对于发展中国家或地区，技术溢出往往被视为是抑制自主创新的因素；而在发达国家，国外技术溢出则往往展现出"挤入效应"。Borensztein 等人 1998 年、赖明勇和包群 2005 年的研究表明，东道国的消化吸收能力对 FDI 溢出效应的强弱和范围起着决定性作用。Bitzer 和 Kerekes 在 2012 年利用 21 个OECD 国家产业层面的数据进行了 OFDI 逆向技术溢出效应的研究，结果显示 OFDI 的逆向溢出并不明显，且非 G7 国家的 OFDI 对本国生产率产生了显著的不利影响。李梅和柳士昌在 2012 年的研究则发现，中国对外直接投资的逆向技术溢出效应具有显著的地区差异，其中发达的东部地区呈现出积极的逆向溢出效应。

综上所述，现有文献对技术溢出进行了大量和深入探讨，为本节的研究提供了坚实的理论与实证基础，但依然存在一些未尽之处：现有文献主要关注了国与国之间的技术溢出，对一国内部不同地区技术溢出的研究涉及不多。考虑到技术往往以资本作为载体，随着资本的跨地区流动，技术也在地区间不断扩散，产生了技术溢出效应。为此，本节拟基于资本要素市场空间整合的视角，深入探索其对我国地区间技术溢出的影响，这对我们深入认识资本要素市场空间整合对技术溢出的重要作用具有启示意义。

5.1.2　研究设计

5.1.2.1　计量模型

技术创新水平越高，技术积累就越多，越有利于技术溢出，因此，技术溢出不仅与资本要素市场空间整合水平有关，还与技术创新水平有密切联系。为此，在探究资本要素市场空间整合的技术溢出效应时，笔者拟采用如式 5.1 所式的计量模型进行分析。

$$\mathrm{Ln}(TS_{it}) = \alpha + \beta_1 \mathrm{CMI}_{it} + \beta_2 \mathrm{Ln}(\mathrm{PATENT}_{it}) + \sum_{k=1}^{m} \theta_k CV_{it} + \delta_i + \gamma_t + \varepsilon_{it}$$

$$(5.1)$$

其中，$\mathrm{Ln}(TS_{it})$ 为地区 i 在时期 t 的技术溢出水平，拟用技术市场成交额加以表征；CMI_{it} 为地区 i 在时期 t 的资本要素市场空间整合水平；$\mathrm{Ln}(\mathrm{PATENT}_{it})$ 为地区 i 在时期 t 的技术创新水平；CV_{it} 为其他一些对技术溢出有影响的控制变量；δ_i、γ_t 分别表示个体效应和时期效应；ε_{it} 为随机扰动项。通常被解释变量会受到个体效应和时期效应的影响，但个体效应和时期效应的数据很难通过观测获得，如果忽略个体效应和时期效应，仍然使用最小二乘法进行混合回归就可能产生遗漏变量偏差所引起的内生性问题，会得到有偏且非一致的估计系数。有鉴于此，笔者将在实证分析中采用面板设定 F 检验对选择个体和时期效应还是混合回归进行判别。此外，假如个体效应和时期效应与模型中的部分或全部解释变量相关，则应选择固定效应模型（Fixed Effects，FE）进行分析；反之，就应选择随机效应模型（Random Effects，RE），后续分析中，笔者将根据豪斯曼检验在固定效应和随机效应中进行选择。

5.1.2.2　变量

（1）被解释变量。

本节研究中的被解释变量为技术溢出水平，借鉴张彩江等人2017年的做法，使用技术市场成交额衡量技术溢出水平。

（2）核心解释变量。

研究中的核心解释变量有两个：一是资本要素市场空间整合水平；二是技术创新水平。资本要素市场空间整合水平采用第三章中介绍的价格法计算得到。技术创新水平用专利申请量加以衡量，专利申请有两个相互关联的指标，即专利申请授权量和专利申请受理量。根据齐绍洲等人和陈勇和柏喆2018年与专利申请受理量相比，专利申请授权量能更加准确地反映技术创新水平的观点，因此，笔者使用专利申请授权量来衡量技术创新水平。

（3）控制变量。

为了缓解遗漏变量偏差导致的内生性问题，基于经济理论和相关文献，笔者将交通基础设施水平、受教育程度、高新技术产业占比、外资依存度和贸易依存度等几个对技术溢出有重要影响的因素作为控制变量引入模型中。交通基础设施水平用每万平方千米的公路里程数表示，受教育程度用人均受教育年限表示，高新技术产业占比用高新技术产业增加值占GDP的比重表示，外资依存度用FDI与GDP之比表示，贸易依存度用进出口总额与GDP之比表示。所有名义变量都按2000年的不变价格水平换算成实际变量。

5.1.2.3　样本选择与数据来源

笔者选取2004—2023年中国大陆30个省份的样本进行实证分析，研究中的数据来源于《中国统计年鉴》、《中国科技统计年鉴》、中经网统计数据库、国研网统计数据库、中国经济社会大数据研究平台、EPS数据平台和各省份统计年鉴。

5.1.3　实证结果及分析

5.1.3.1　基准回归分析

前文中笔者曾指出，在进行回归分析前需使用面板设定F检验和豪斯曼检验分别对混合回归与个体效应和时期效应、固定效应与随机效应进行选择，检验结果如表 5.1 所示。面板设定 F 检验和豪斯曼检验都是高度显著的，因此，本书将采用个体和时期双向固定效应模型进行分析。

首先，笔者在模型中只引入核心解释变量资本要素市场空间整合水平和技术创新水平，结果如表 5.1 第（1）列所示。资本要素市场空间整合水平的估计系数小于零，并在 1% 的水平上显著，表明资本要素市场空间整合可以显著促进技术溢出（用价格法测算的资本要素市场空间整合水平，数值越小表示资本要素市场空间整合水平越高，因此，估计系数为负表明资本要素市场空间整合水平提高能促进技术溢出）。技术创新水平的估计系数为正，且在 1% 的水平上显著，说明技术创新有利于技术溢出。由于技术创新水平越高，技术积累就越多，越有利于技术溢出，因此，资本要素市场空间整合对技术溢出的作用会受到技术创新的影响。有鉴于此，笔者将资本要素市场空间整合与技术创新的交互项引入模型中以考虑技术创新对资本要素市场空间整合的调节作用，结果如表 5.1 第（2）列所示。可以看到，交互项系数小于零，且在 1% 的水平上显著，这意味着技术创新能够强化资本要素市场空间整合对技术溢出的促进作用。在表 5.1 第（3）、（4）列中，笔者分别将控制变量、个体和时期固定效应加入模型中，可以看到，资本要素市场空间整合水平显著为负、技术创新水平显著为正、两者的交互项显著为负。因此，是否加入控制变量、个体和时间固定效应均不影响核心解释变量及其交互项的系数符号和显著性，初步表明所得结论具有稳健性。

表 5.1 基准回归分析

变量	（1）	（2）	（3）	（4）
CMI_{it}	-0.872^{***}	-0.823^{***}	-0.796^{***}	-0.856^{***}
	（0.125）	（0.115）	（0.137）	（0.157）
Ln（$PATENT_{it}$）	0.109^{***}	0.093^{***}	0.086^{***}	0.089^{***}
	（0.017）	（0.016）	（0.021）	（0.022）
$CMI_{it} \times$ Ln（$PATENT_{it}$）		-0.225^{***}	-0.256^{***}	-0.197^{***}
		（0.037）	（0.051）	（0.035）
控制变量	否	否	是	是
个体效应	否	否	否	是
时期效应	否	否	否	是
常数项	0.572^{***}	-0.843^{***}	-1.274^{**}	0.639^{***}

表5.1(续)

变量	（1）	（2）	（3）	（4）
	(0.105)	(0.217)	(0.553)	(0.176)
样本容量	600	600	600	600
R^2	0.387	0.415	0.431	0.395
面板设定 F 检验	86.79	95.23	105.12	83.28
P 值	[0.000]	[0.000]	[0.000]	[0.000]
Hausman 检验	110.36	98.58	107.36	88.21
P 值	[0.000]	[0.000]	[0.000]	[0.000]

注：（ ）内的数值表示估计系数的标准误；［ ］内的数值表示对应检验统计量的 P 值；***、**、*分别表示在1%、5%、10%的显著性水平下该系数是显著的。

5.1.3.2 内生性检验

由于技术溢出这一被解释变量可能对模型中的解释变量产生影响，这会导致由联立性偏差引起的内生性问题。为了解决这个问题，我们需要找到适当的工具变量。工具变量（Instrument Variable，IV）应具备与解释变量高度相关，但与随机误差项无关的特性。虽然寻找理想的工具变量是一项挑战，但在面板或时间序列模型中，我们可以考虑利用解释变量的滞后值作为工具变量。这种做法的合理性在于，一方面，滞后值与当期值通常高度相关；另一方面，被解释变量的当期值不会对解释变量的前期值产生影响。因此，选择解释变量的滞后值作为工具变量是较为合理的。笔者将各解释变量滞后一期作为工具变量进行估计，结果展示在表5.2中。其中，第（1）列只含有核心解释变量资本要素市场空间整合水平和技术创新水平，第（2）列加入了资本要素市场空间整合与技术创新的交互项，第（3）列引入了各种控制变量，第（4）列加入了个体和时期固定效应。可以发现，使用解释变量的滞后值作为工具变量进行回归分析的结果与表5.1的基准回归分析结果没有太大差异，这表明在前述基准回归分析中，由联立性偏差引起的内生性问题并不严重。

表5.2 内生性检验

变量	（1）	（2）	（3）	（4）
$CMI_{i,t-1}$	-0.857^{***}	-0.812^{***}	-0.805^{***}	-0.781^{***}
	(0.117)	(0.123)	(0.141)	(0.125)
$\text{Ln}(PATENT_{i,t-1})$	0.096^{***}	0.103^{***}	0.092^{***}	0.086^{***}

表5.2(续)

变　量	（1）	（2）	（3）	（4）
	(0.015)	(0.019)	(0.018)	(0.021)
$CMI_{i,t-1} \times Ln （PATENT_{i,t-1}）$		−0.185 ***	−0.213 ***	−0.218 ***
		(0.028)	(0.032)	(0.038)
控制变量	否	否	是	是
个体效应	否	否	否	是
时期效应	否	否	否	是
常数项	−0.855 ***	−1.468 ***	−0.781 ***	1.368 ***
	(0.148)	(0.179)	(0.248)	(0.263)
样本容量	570	570	570	570
R^2	0.412	0.428	0.451	0.422
面板设定 F 检验	109.32	113.46	87.29	95.17
P 值	[0.000]	[0.000]	[0.000]	[0.000]
Hausman 检验	85.99	91.38	126.21	121.27
P 值	[0.000]	[0.000]	[0.000]	[0.000]

注：（　）内的数值表示估计系数的标准误；［　］内的数值表示对应检验统计量的 P 值；***、**、* 分别表示在1%、5%、10%的显著性水平下该系数是显著的。

5.1.3.3　稳健性检验

上述分析中的核心解释变量资本要素市场空间整合水平是用价格法测算得到的。本小节中，笔者将使用第三章介绍的波动同步法测算资本要素市场空间整合水平再次进行回归分析，结果列示在表5.3中。其中，第（1）列只包含两个核心解释变量，第（2）列加入了两个核心解释变量的交互项，第（3）列、第（4）列分别加入了控制变量、个体和时期固定效应。由估计结果可知，替换了核心解释变量资本要素市场空间整合水平后，其估计系数显著为正，表明提高资本要素市场空间整合水平可以显著促进技术溢出（用波动同步法测算的资本要素市场空间整合水平，数值越大表示资本要素市场空间整合水平越高，因此，估计系数为正表明资本要素市场空间整合水平提高能促进技术溢出）。技术创新水平的估计系数依然显著为正，说明技术创新有利于技术溢出。交互项系数显著为正，表明技术创新仍然可以强化资本要素市场空间整合对技术溢出的促进作用。可以看到，更换核心解释变量的测度方法后，与基准回归结果相比，虽然资本要素市场空间整合水平和交互项的系数符号发生了变化，但它们对技术溢出的影响方向并没有发生改变，表明更换核心解释变量没有对分析结论造成实质性改变，这说明结论具有较好的稳健性。

表 5.3　稳健性检验

变量	（1）	（2）	（3）	（4）
CMI_{it}	0.568 ***	0.582 ***	0.556 ***	0.613 ***
	(0.089)	(0.095)	(0.112)	(0.129)
Ln（$PATENT_{it}$）	0.078 ***	0.081 ***	0.069 **	0.071 **
	(0.023)	(0.025)	(0.031)	(0.032)
CMI_{it}×Ln（$PATENT_{it}$）		0.358 ***	0.385 ***	0.317 ***
		(0.075)	(0.077)	(0.067)
控制变量	否	否	是	是
个体效应	否	否	否	是
时期效应	否	否	否	是
常数项	2.348 ***	1.764 ***	1.689 **	2.457 ***
	(0.569)	(0.521)	(0.472)	(0.453)
样本容量	600	600	600	600
R^2	0.439	0.458	0.462	0.471
面板设定 F 检验	127.45	118.57	112.28	102.21
P 值	[0.000]	[0.000]	[0.000]	[0.000]
Hausman 检验	72.32	78.22	89.39	75.81
P 值	[0.000]	[0.000]	[0.000]	[0.000]

注：（ ）内的数值表示估计系数的标准误；［ ］内的数值表示对应检验统计量的 P 值；***、**、* 分别表示在 1%、5%、10% 的显著性水平下该系数是显著的。

5.1.3.4　异质性分析

（1）地区异质性。

我国幅员辽阔，区域间经济和社会发展状况差别较大，各地区的技术溢出水平也各不相同，资本要素市场空间整合和技术创新是对技术溢出的影响可能在各地区有所不同。接下来，笔者按地理位置将 30 个省份划分为东、中、西部地区子样本分别进行分析，结果列示在表 5.4 中。由估计结果可知，东、中部地区的资本要素市场空间整合分别在 1%、5% 的水平上对技术溢出有显著促进作用，西部地区的资本要素市场空间整合虽然对技术溢出具有促进作用，但并不显著，这表明资本要素市场空间整合对技术溢出的促进作用在不同地区间确实存在异质性。至于技术创新对技术溢出的异质性作用，估计结果显示，东、中、西部地区的技术创新均能显著促进技术溢出，因此，技术创新对技术溢出的促进作用在不同地区间不存在明显异质性。

表 5.4　地区异质性分析

变量	（1）东部地区	（2）中部地区	（3）西部地区
CMI_{it}	-0.957***	-0.736**	-0.612
	(0.292)	(0.323)	(0.388)
Ln（$PATENT_{it}$）	0.137***	0.082***	0.073**
	(0.027)	(0.024)	(0.033)
CMI_{it}×Ln（$PATENT_{it}$）	-0.289***	-0.335***	-0.371***
	(0.068)	(0.072)	(0.076)
控制变量	是	是	是
个体效应	是	是	是
时期效应	是	是	是
常数项	0.763***	0.476***	1.479**
	(0.128)	(0.137)	(0.379)
样本容量	220	160	220
R^2	0.673	0.715	0.525
面板设定 F 检验	67.33	105.76	82.63
P 值	[0.000]	[0.000]	[0.000]
Hausman 检验	57.21	48.36	62.67
P 值	[0.000]	[0.000]	[0.000]

注：（ ）内的数值表示估计系数的标准误；[ ] 内的数值表示对应检验统计量的 P 值；***、**、* 分别表示在 1%、5%、10%的显著性水平下该系数是显著的。

（2）时间异质性。

中国经济自 2014 年起步入新常态，标志着其经济运行环境和条件经历了显著变革。这种变革可能引发资本要素市场整合和技术创新在技术溢出效应上的影响机制发生改变。因此，笔者将全样本划分为 2004—2013 年、2014—2023 年两个阶段，并对其分别进行估计，旨在探究这两个阶段中资本要素市场空间整合和技术创新对技术溢出的影响是否存在差异，估计结果见表 5.5。由估计结果可知，2004—2013 年，资本要素市场空间整合虽能促进技术溢出，但该效应并不显著；2014—2023 年，资本要素市场空间整合能显著促进技术溢出，这表明资本要素市场空间整合对技术溢出的促进作用在不同阶段确实存在异质性。在 2004—2013 年、2014—2023 年两个时期，技术创新对技术溢出都具有显著的促进作用，因此，技术创新对技术溢出的促进作用在不同阶段不存在明显异质性。

表 5.5　时间异质性分析

变　量	（1）2004—2013 年	（2）2014—2023 年
CMI_{it}	−0.538	−0.739 **
	（0.341）	（0.317）
Ln（$PATENT_{it}$）	0.087 ***	0.096 ***
	（0.020）	（0.021）
CMI_{it}×Ln（$PATENT_{it}$）	−0.472 ***	−0.458 ***
	（0.163）	（0.152）
控制变量	是	是
个体效应	是	是
时期效应	是	是
常数项	3.238 ***	1.625 ***
	（0.739）	（0.537）
样本容量	300	300
R^2	0.615	0.637
面板设定 F 检验	137.69	97.38
P 值	[0.000]	[0.000]
Hausman 检验	68.22	75.26
P 值	[0.000]	[0.000]

注：（　）内的数值表示估计系数的标准误；〔　〕内的数值表示对应检验统计量的 P 值；***、**、* 分别表示在 1%、5%、10%的显著性水平下该系数是显著的。

5.1.3.5　门限效应分析

在基准回归分析中，笔者曾提到资本要素市场空间整合对技术溢出的作用会受到技术创新的影响，这意味着在不同的技术创新水平下，资本要素市场空间整合对技术溢出的影响是存在差异的。接下来，笔者将借鉴汉森（Hansen）在 1999 年提出的门限面板模型，分析资本要素市场空间整合对技术溢出的作用是如何受技术创新影响的。考虑如下的单门限（两区制）面板模型：

$$y_{it} = \alpha_i + \beta_1 x_{1it} + (\beta_{21} x_{2it}) I(q_{it} \leq \gamma) + (\beta_{22} x_{2it}) I(q_{it} > \gamma) + \varepsilon_{it}$$

$$(5.2)$$

上式中，y_{it} 为被解释变量，x_{1it} 为不受门限效应影响的解释变量（控制变量）；x_{2it} 为受门限效应影响的解释变量（资本要素市场空间整合）；$I(\cdot)$ 为示性函数，如果括号中的表达式为真，则取值为 1，反之，取值为 0；q_{it} 为门限变量（技术创新）；γ 为待估计的门限值；ε_{it} 为随机扰动项。对于门限模型，关键是要估计出门限值 γ，这可以通过以下两步来完成。首先，任意给定一个 γ 的取值，就可以对式（5.2）进行估计以得到残差平方和 SSR（γ）；其次，选择 γ 值使得 SSR（γ）最小，最小的 SSR（γ）对应的 γ 值即为所估计的门限值 $\hat{\gamma}$。接下来，还需要检验门限效应是否显著，该检验对应的原假设为 $H_0: \beta_{21} = \beta_{22}$，备择假设 $H_1: \beta_{21} \neq \beta_{22}$，若不拒绝原假设，门限模型则退化为线性模型；反之，就应该采用门限模型。令 S_0 为原假设条件下的残差平方和，$S_1(\hat{\gamma})$ 为备择假设条件下的残差平方和，则可使用似然比统计量进行假设检验：$F = [S_0 - S_1(\hat{\gamma})] / \hat{\sigma}^2$，其中，$\hat{\sigma}^2 = S_1(\hat{\gamma})/[n(T-1)]$ 是随机扰动项方差的一致估计，检验中将采用自举法（bootstrap）获得大样本条件下统计量的渐进有效 P 值并对假设检验进行判断。上述为单门限模型的估计和检验过程，多门限模型的估计和检验与此类似，不再赘述。表 5.6 给出了门限面板效应检验结果，第（1）、（2）列门限面板模型中的核心解释变量资本要素市场空间整合分别采用价格法、波动同步法测算得到。结果显示，第（1）、（2）列单门限检验似然比统计量的 P 值均高度显著，从而可以拒绝只存在单门限的原假设。双门限检验似然比统计量的 P 值均不显著，即使在 10% 的水平上也不能拒绝存在双门限的原假设，表明第（1）、（2）列中的模型均具有双门限（三区制）特征。

表 5.6　门限面板效应检验结果

检验类型	统计量	（1）	（2）
单门限检验	γ	7.392	5.468
	95%置信区间	[7.346, 7.437]	[5.448, 5.489]
	F 值	53.31	47.83
	P 值	0.000	0.000

表5.6(续)

检验类型	统计量	（1）	（2）
双门限检验	γ_1	7.137	5.326
	95%置信区间	[7.087, 7.186]	[5.314, 5.337]
	γ_2	7.368	5.521
	95%置信区间	[7.327, 7.411]	[5.506, 5.535]
	F值	3.56	4.47
	P值	0.465	0.411
自举抽样次数		300	300
网格点数		300	300
样本容量		600	600

注：第（1）、（2）列的核心解释变量资本要素市场空间整合分别采用价格法、波动同步法测算得到。

基于表5.6得到的技术创新的两个门限估计值，笔者使用去组内均值方法估计模型的参数，第（1）、（2）列的核心解释变量资本要素市场空间整合分别采用价格法、波动同步法测算得到，结果如表5.7所示。当Ln（PATENT$_{it}$）≦γ_1时，第（1）列中资本要素市场空间整合的系数为负，但不显著，第（2）列中资本要素市场空间整合的系数为正，也不显著，这表明当技术创新水平较低时，资本要素市场空间整合对技术溢出的促进作用并不明显。当γ_1＜Ln（PATENT$_{it}$）≦γ_2时，第（1）列中资本要素市场空间整合的系数在5%的水平上显著为负，第（2）列中资本要素市场空间整合的系数在5%的水平上显著为正，说明随着技术创新水平的提高，资本要素市场空间整合对技术溢出逐渐展现出其促进作用。当Ln（PATENT$_{it}$）＞γ_2时，第（1）列中资本要素市场空间整合的系数在1%的水平上显著为负，第（2）列中资本要素市场空间整合的系数在1%的水平上显著为正，且相较于γ_1＜Ln（PATENT$_{it}$）≦γ_2，其估计系数的绝对值明显更大，说明随着技术创新水平进一步提高，资本要素市场空间整合对技术溢出的促进作用更强。

表 5.7　门限面板模型估计结果

变　量	（1）	（2）
CMI_{it}	-0.168	0.131
$(Ln(PATENT_{it}) \leqq \gamma_1)$	(0.116)	(0.107)
CMI_{it}	0.526^{**}	0.451^{**}
$(\gamma_1 < Ln(PATENT_{it}) \leqq \gamma_2)$	(0.231)	(0.202)
CMI_{it}	-0.973^{***}	0.782^{***}
$(Ln(PATENT_{it}) > \gamma_2)$	(0.259)	(0.226)
控制变量	控制	控制
样本容量	600	600
R^2	0.658	0.639

注：①第（1）、（2）列的核心解释变量资本要素市场空间整合分别采用价格法、波动同步法测算得到；②（ ）内的数值表示估计系数的标准误；*** 、** 、* 分别表示在 1%、5%、10% 的显著性水平下该系数是显著的。

5.1.4　本节小结

本节笔者使用 2004—2023 年中国大陆 30 个省份的面板数据，基于资本要素市场空间整合的视角，深入探究了其对我国地区间技术溢出的作用。研究得到了以下几点结论：①资本要素市场空间整合能显著促进技术溢出，各种检验均支持这一结论；②资本要素市场空间整合对技术溢出的作用存在地区和时间异质性，具体地，在东、中部地区，资本要素市场空间整合对技术溢出具有显著促进作用，而在西部地区，资本要素市场空间整合对技术溢出的促进作用不显著，2014—2023 年，资本要素市场空间整合能显著促进技术溢出，而 2004—2013 年，资本要素市场空间整合对技术溢出不具有显著促进作用；③资本要素市场空间整合对技术溢出的作用存在门限效应，在不同的技术创新水平下，资本要素市场空间整合对技术溢出的影响是存在差异的，技术创新水平越高，资本要素市场空间整合对技术溢出的促进作用越强。

5.2 资本要素市场空间整合的企业债务融资效应

企业筹集资金的重要途径之一是债务融资，它对于企业的日常运作和成长扩张至关重要。无论是为了采购新设备、拓展生产线、研发新产品，还是为了进军新的市场领域，债务融资均可为企业提供所需的资金支持。借助债务融资，企业能够优化其资本结构，达到更合理的债权股权比例。一个合理的资本结构有助于降低企业整体加权平均的资本成本，进而提升企业的整体市场价值。此外，债务融资还能够增强企业的财务杠杆效应，进一步提升企业的盈利能力。与股权融资相比，债务融资有助于减少股东间的利益冲突，提高公司治理水平。通过债务融资，企业能够快速获得所需资金，把握市场机会，进一步巩固和扩大市场份额。现代金融市场的迅猛发展为企业提供了多样化的债务融资工具，例如，银行贷款、公司债券及商业信用等，这些融资工具各具特色，能够满足企业在不同情境下的融资需求，企业可以根据自身的运营状况、市场环境等因素，灵活选择最适合的债务融资方式，以推动自身的发展。

资本要素市场空间整合有助于金融市场的深化和完善，一个更加成熟的金融市场通常意味着更高的透明度和更低的交易成本，这能为企业降低融资成本。鉴于资本流动往往伴随着信息传递，这有助于缓解资金提供者与企业之间的信息不对称的矛盾，进而降低代理成本，从而进一步压缩企业的债务融资成本。因此，本节拟基于资本要素市场空间整合视角，以 A 股上市公司为研究对象，深入探讨资本要素市场空间整合是如何影响企业债务融资成本的。

5.2.1　关于企业债务融资成本的研究综述

企业债务融资在企业经营发展过程中扮演着重要角色，便利和低成本的债务融资对企业发展有莫大帮助。然而，目前我国企业债务融资成本仍然偏高。根据 2017 年全国工商联的调查数据，融资成本在企业各项成本中仍然居于首位，因此降低融资成本已成为当前我国经济发展过程中的迫切任务。与此同时，我国资本市场的发展尚未完善，基于艾伦（Allen）等人 2005 年和王运通、姜付秀 2017 年的研究，企业获取外部资金主要依赖于债务融资。2021 年出版的《中国统计年鉴》数据显示，2020 年中国新增社会融资规模达到了 34.791 7 万亿人民币，其中银行贷款融资占比约为 54.19%。因此，杜善重和马连福在 2024 年提出，如何降低债务融资成本已成为企业当前最为关注的问题。根据风险收益均衡理论，债权人会通过权衡收益和风险来设定债务契约。因此，根据彭章等人 2021 年的研究，企业的财务风险越高，债权人要求的回报率就越高，从而使企业在债务融资时的成本就越高。由此可见，企业的财务风险与外部债务融资成本之间存在着紧密的联系，债务融资成本会受到多种财务风险的影响。一方面，由于管理层的自利性，他们可能会采取有利于个人获取私利但损害债权人利益的行为。这种行为会使借贷过程中产生代理成本，导致债权人通过更严格的债务契约来规范管理层的行为正如周楷唐等人 2017 年和科斯特络（Costello）、威滕伯格·穆尔曼（Wittenberg-moerman）2011 年研究的一样。蕴含其中的代理风险和信息风险是企业债务融资成本上升的内在原因（王善平和李志军在 2011 年提出）；另一方面，银行等金融机构在选择贷款对象时，往往倾向于依赖商业声誉等非正式契约。叶康涛等人 2010 年提出声誉受损背后隐藏的高额风险会大幅增加企业的债务融资成本。事实上，债务融资作为企业财务决策的重要组成部分，必然受到公司发展战略的影响。戚聿东和肖旭在 2020 年提出，数字化转型已成为企业发展战略的重要方向，推动了企业在治理结构等方面的变革，进而对企业债务融资成本产生重要影响。随着环保理念的日益普及，社会各界对企业承担社会责任提出了更高的要求。根据赵选民和武苗 2016 年的观点，企业的环境、社会和治理（Environment，Social and Govermance，ESG）表现开始通过多种渠道和方式影响企业的债务融资情况。王翌秋等人 2023 年研究提出，特别是自 2012 年《绿色信贷指引》发布以来，企业 ESG 表现对债务融资成本的影响日益显著。

综上所述，现有文献对企业债务融资成本展开了大量和深入研究，为本节的研究奠定了坚实的理论与实证基础，但仍然有一些未尽之处：笔者在上文中曾提出，资本要素市场空间整合可以降低企业债务融资成本，但现有文献鲜有探讨资本要素市场空间整合是如何影响企业债务融资成本的。为此，笔者在本节拟基于资本要素市场空间整合的视角，深入探索其对企业债务融资成本的影响，这对我们深入认识资本要素市场空间整合对降低企业债务融资成本的作用有重要帮助。

5.2.2 研究设计

5.2.2.1 计量模型

在本节中，笔者重点关注的是资本要素市场空间整合对企业债务融资成本的影响，但除了资本要素市场空间整合外，还有其他一些因素也会对企业债务融资成本产生重要影响，如果在计量模型中忽略了这些因素，会引起因遗漏变量偏差所造成的内生性问题，使估计系数不再是无偏和一致的。因此，笔者将这些因素作为控制变量引入到模型中来，后续实证分析拟采用如式（5.3）所示的计量模型。

$$Y_{ijt} = \beta_0 + \beta_1 \text{CMI}_{ijt} + X'_{it}\gamma + Z'_{jt}\theta + \lambda_i + \eta_j + \delta_t + \varepsilon_{ijt} \qquad (5.3)$$

下标 i、j、t 分别表示企业、省份和年份。Y_{ijt} 为被解释变量，表示企业债务融资成本。CMI_{ijt} 为 t 年企业 i 所在省份 j 的资本要素市场空间整合水平，X'_{it} 为与上市公司有关的对企业债务融资成本有影响的控制变量，Z'_{jt} 是与上市公司所在省份有关的对企业债务融资成本有影响的控制变量，λ_i、η_j、δ_t 分别为企业固定效应、省份固定效应和年份固定效应，ε_{ijt} 为随机误差项，回归中的标准误选择在省份层面进行聚类。

5.2.2.2 变量

（1）被解释变量。

被解释变量为企业债务融资成本，拟用上市公司财务报表中的利息支出与长短期借款与应付债券之和的比值加以表示。

（2）核心解释变量。

核心解释变量为资本要素市场空间整合水平，拟使用第三章中介绍的价格法计算得到。此外在稳健性检验中，笔者还将使用波动同步法测度的资本要素市场空间整合水平作为核心解释变量进行分析。

（3）控制变量。

与上市公司有关的控制变量包括：企业规模（用总资产的对数表示）、资产负债率（用总负债与总资产之比表示）、盈利能力（用净利润与总资产之比表示）、企业债务违约情况（用企业成立以来债务违约次数表示）、企业债务期限结构（用短期债务占比表示）、成长能力（用营业收入增长率表示）。与上市公司所在省份有关的控制变量包括：经济发展水平（用人均地区生产总值对数表示）、金融市场发展水平（用存贷款总额与 GDP 之比表示）、贷款基准利率（用一年期贷款市场报价利率表示）。

5.2.2.3 样本选择与数据来源

笔者选取 2004—2023 年所有 A 股上市公司作为研究样本。上市公司层面控制变量数据来源于国泰安数据库（CSMAR）、万德数据库（WIND）和中国研究数据服务平台（CNRDS），省份层面控制变量数据来源于《中国统计年鉴》、国研网统计数据库、中经网统计数据库、EPS数据平台、中国经济社会大数据研究平台和各省份统计年鉴。

5.2.3 实证结果及分析

5.2.3.1 基准回归分析

表5.8给出了资本要素市场空间整合对企业债务融资成本影响的分析结果。其中，第（1）列仅引入核心解释变量资本要素市场空间整合水平，结果显示，资本要素市场空间整合水平的估计系数为正，并在1%的水平上显著，表明资本要素市场空间整合水平提高可以显著降低企业债务融资成本（用价格法测算的资本要素市场空间整合水平，数值越小表示整合水平越高，因此，估计系数为正表明资本要素市场空间整合水平提高能降低企业债务融资成本）。笔者在第（2）、（3）、（4）、（5）列中分别加入控制变量、企业固定效应、省份固定效应和年份固定效应，结果发现，资本要素市场空间整合的估计系数均显著为正，说明无论是否加入控制变量、企业固定效应、省份固定效应、年份固定效应均不影响核心解释变量系数符号和显著性，这初步表明研究所得结论具有一定稳健性。

表 5.8　基准回归分析

变量	（1）	（2）	（3）	（4）	（5）
CMI_{ijt}	0.683 9***	0.658 2***	0.665 2***	0.634 2***	0.613 8***
	（0.186 2）	（0.183 8）	（0.194 5）	（0.187 3）	（0.197 1）
常数项	5.346 4***	2.648 6***	−3.783 4***	4.315 7***	−2.246 5***
	（1.685 4）	（0.650 2）	（1.178 5）	（1.381 2）	（0.678 2）
控制变量	否	是	是	是	是
企业固定效应	否	否	是	是	是
省份固定效应	否	否	否	是	是
年份固定效应	否	否	否	否	是
样本容量	52 268	52 268	52 268	52 268	52 268
R^2	0.056 3	0.087 9	0.085 1	0.087 7	0.090 3

注：括号内的数值表示估计系数的聚类稳健标准误，***、**、*分别表示在1%、5%、10%的水平上显著。

5.2.3.2 内生性检验

考虑到企业债务融资成本可能对模型中的解释变量造成潜在影响，这种影响可能造成联立性偏差，从而引发内生性问题。为了处理这种内生性，需要找到恰当的工具变量（Instrument Variable，IV）。工具变量的选择标准是与解释变量紧密相关，但同时与随机误差项线性无关。尽管理想的工具变量并不容易找到，但在时间序列或面板模型中，一个可行的选择是将解释变量的滞后值作为工具变量。这种选择的合理性在于，滞后值与当期值往往具有高度的相关性，同时，被解释变量的当期值不会影响解释变量的前期值。因此，将解释变量的滞后值作为工具变量是一种相对合理的选择。我们在研究中，选择将各解释变量滞后一期作为工具变量进行估计，并将结果展示在表 5.9 中。其中，第（1）列只含有核心解释变量资本要素市场空间整合水平，第（2）、（3）、（4）、（5）列中分别加入控制变量、企业固定效应、省份固定效应和年份固定效应。可以看到，运用解释变量的滞后值作为工具变量进行回归分析，得出的结果与表 5.8 中的基准回归分析结果基本保持一致。这一结果暗示，在之前的基准回归分析中，由联立性偏差引发的内生性问题并不严重。

表 5.9　内生性检验

变量	（1）	（2）	（3）	（4）	（5）
$CMI_{ij,\,t-1}$	0.683 9***	0.658 2***	0.665 2***	0.634 2***	0.613 8***
	(0.186 2)	(0.183 8)	(0.194 5)	(0.187 3)	(0.197 1)
常数项	5.346 4***	2.648 6***	−3.783 4***	4.315 7***	−2.246 5***
	(1.685 4)	(0.650 2)	(1.178 5)	(1.381 2)	(0.678 2)
控制变量	否	是	是	是	是
企业固定效应	否	否	是	是	是
省份固定效应	否	否	否	是	是
年份固定效应	否	否	否	否	是
样本容量	49 903	49 903	49 903	49 903	49 903
R^2	0.056 3	0.087 9	0.085 1	0.087 7	0.090 3

注：括号内的数值表示估计系数的聚类稳健标准误，***、**、*分别表示在 1%、5%、10%的水平上显著。

5.2.3.3 稳健性检验

在基准回归分析中，我们采用了价格法来测算资本要素市场空间整合水平。而在本小节中，为了进一步验证分析结果的稳健性，笔者采用波动同步法测算的资本要素市场空间整合水平作为核心解释变量进行回归分析，相应的回归结果整理在表5.10中。第（1）列仅包含了资本要素市场空间整合水平。而在第（2）、（3）、（4）、（5）列中，除了核心解释变量外，还分别加入了控制变量、企业固定效应、省份固定效应和年份固定效应，以更全面地控制其他潜在影响因素。从估计结果来看，当使用波动同步法来测算资本要素市场空间整合水平时，其估计系数显著为负。这意味着，当资本要素市场空间整合水平提高时，企业的债务融资成本会相应降低。需要注意的是，在这里，使用波动同步法测算得到的资本要素市场空间整合水平的数值越大，表示整合水平越高。因此，估计系数显著为负正说明了资本要素市场空间整合水平的提高可以降低企业债务融资成本。此外，通过比较更换核心解释变量测度方法后的回归结果与基准回归结果，我们可以发现，尽管资本要素市场空间整合水平的系数符号发生了变化，但其对企业债务融资成本的影响方向并未发生改变。这进一步证明了我们的分析结论具有较好的稳健性，即更换核心解释变量的测度方法并没有对分析结论造成实质性影响。

表 5.10 稳健性检验

变量	（1）	（2）	（3）	（4）	（5）
CMI_{ijt}	-0.839 5 ***	-0.818 2 ***	-0.789 8 ***	-0.803 6 ***	-0.792 6 ***
	（0.257 3）	（0.238 9）	（0.250 3）	（0.223 9）	（0.235 9）
常数项	-6.847 6 ***	-4.676 3 ***	5.479 3 ***	0.773 6 ***	3.570 9 ***
	（1.327 5）	（0.847 6）	（1.697 3）	（0.177 8）	（0.598 3）
控制变量	否	是	是	是	是
企业固定效应	否	否	是	是	是
省份固定效应	否	否	否	是	是
年份固定效应	否	否	否	否	是
样本容量	52 268	52 268	52 268	52 268	52 268
R^2	0.077 3	0.095 7	0.093 6	0.097 6	0.091 2

注：括号内的数值表示估计系数的聚类稳健标准误，***、**、*分别表示在1%、5%、10%的水平上显著。

5.2.3.4 异质性分析

（1）企业所有权性质异质性。

国有企业在信贷市场中长期占据核心地位，因此银行对它们的贷款政策会更加优惠。相对之下，民营企业因产权背景的不同，在融资条件上受到更多的限制，这可能推高了它们的债务融资成本。另外，当国有企业面临违约风险时，政府会提供某种形式的"隐性担保"，从而降低其违约风险，这种担保机制使得国有企业在债务融资上的成本更低。此外，国有企业受到的监管更为严格，减少了舞弊行为的发生，进而在会计信息质量上普遍优于非国有企业，这也为降低国有企业的债务融资成本提供了优势。为此，笔者将研究样本划分为国有企业和非国有企业并分别对其进行回归分析。表5.11第（1）列、第（2）列的估计结果显示，在国有企业样本中，核心解释变量的估计系数在1%的水平下显著为正；在非国有企业样本中，核心解释变量的估计系数在5%的水平下显著为正，且国有企业样本中的估计系数明显比非国有企业样本的大（组间回归系数差异性检验表明两者存在显著差异）。因此，资本要素市场空间整合对企业债务融资成本的影响在企业所有权性质上存在异质性。

表 5.11 企业所有权性质异质性分析

变量	（1）国有企业	（2）非国有企业
CMI_{ijt}	0.868 2***	0.481 9**
	(0.216 8)	(0.212 6)
常数项	3.485 2***	−7.438 6***
	(0.751 9)	(1.346 5)
控制变量	是	是
企业固定效应	是	是
省份固定效应	是	是
年份固定效应	是	是
样本容量	23 855	28 413
R^2	0.115 8	0.109 4

注：括号内的数值表示估计系数的聚类稳健标准误，***、**、*分别表示在1%、5%、10%的水平上显著。

（2）企业规模异质性。

大型企业因其庞大的规模、雄厚的实力和稳健的财务状况，在债务融资市场上占据明显优势。银行和其他金融机构更倾向于为这些企业提供贷款，因为它们的违约风险较低。因此，大型企业通常能够以较低的利率获得资金，从而有效地降低债务融资成本。与大型企业相比，中小企业可能因为其相对较小的规模、较短的经营历史和不够稳定的财务状况，而在债务融资市场上处于不利地位。这种差异可能导致资金出借者对中小企业的借出资金提出更高的回报率要求，从而推高了它们的债务融资成本。大型企业在债务市场上的信誉和声誉往往更高，这使得它们更容易获得资金出借者的信任。相反，中小企业可能由于信誉和声誉相对较低，面临更高的债务融资成本。此外，大型企业在信息披露和透明度方面通常做得更好，这使得资金出借者能够更全面地了解它们的财务状况和经营业绩。而中小企业在这方面可能有所欠缺，增加了资金出借者在评估其债务风险时的不确定性，进而导致更高的债务融资成本。在融资渠道和方式上，大型企业和中小企业也存在差异。大型企业可以通过发行债券、股权融资等多种渠道获得资金，这为其提供了更多的选择权和较低的融资成本。然而，中小企业可能主要依赖于银行贷款等间接融资方式，这些方式通常伴随着更高的成本和更严格的条件，从而增加了它们的债务融资成本。为此，笔者根据企业年均营业收入中位数，将企业划分为大型企业和中小企业样本分别进行回归分析。表 5.12 第（1）列、第（2）列的估计结果显示，在大型企业样本中，核心解释变量的估计系数在 1% 的水平下显著为正；在中小企业样本中，核心解释变量的估计系数仅在 10% 的水平下显著为正，且大型企业样本中的估计系数明显比中小企业样本的大（组间回归系数差异性检验表明两者存在显著差异）。因此，资本要素市场空间整合对企业债务融资成本的影响在企业规模上存在异质性。

表 5.12　企业规模异质性分析

变量	（1）大型企业	（2）中小企业
CMI_{ijt}	0.903 5 ***	0.367 2 *
	(0.184 7)	(0.195 9)
常数项	6.836 2 ***	3.583 8 **
	(2.174 3)	(1.645 9)
控制变量	是	是
企业固定效应	是	是
省份固定效应	是	是

表5.12(续)

变量	(1) 大型企业	(2) 中小企业
年份固定效应	是	是
样本容量	26 134	26 134
R^2	0.121 2	0.107 7

注：括号内的数值表示估计系数的聚类稳健标准误，***、**、*分别表示在1%、5%、10%的水平上显著。

（3）行业异质性。

制造业由于涵盖大量实物资产和较长的生产周期，往往伴随着更高的运营风险与不确定性。因此，银行及其他金融机构评估企业贷款申请时，可能会对制造业企业设置更高的风险溢价，进而增加其债务融资成本。对于制造业企业而言，其生产、研发及创新活动通常需要庞大的资金支持，这可能导致其资本结构变得更为复杂。相较之下，非制造业企业可能因其相对简单的资本结构和较低的融资需求，在债务融资市场上展现出更强的竞争力。在制定信贷政策时，银行及其他金融机构可能会展现出对不同行业的偏好。部分金融机构可能更偏向于为非制造业企业提供贷款，因为他们认为这些行业可能具有较低的违约风险。这种偏好可能导致制造业企业在寻求债务融资时面临更高的成本。为此，笔者将研究样本划分为制造业企业和非制造业企业分别进行回归分析。表5.13第（1）列、第（2）列的估计结果显示，在制造业企业样本中，核心解释变量的估计系数虽然为正，但并不显著；在非制造业企业样本中，核心解释变量的估计系数在1%的水平下显著为正。这表明资本要素市场空间整合不能显著降低制造业企业的债务融资成本，但能显著降低非制造业企业的债务融资成本，因此，资本要素市场空间整合对企业债务融资成本的影响在制造业与非制造业企业之间存在异质性。

表5.13　企业所处行业异质性分析

变量	(1) 制造业企业	(2) 非制造业企业
CMI_{ijt}	0.328 4	0.796 3***
	(0.250 9)	(0.235 7)
常数项	0.583 3***	2.483 7***
	(0.157 2)	(0.738 3)

表5.13(续)

变量	（1）制造业企业	（2）非制造业企业
控制变量	是	是
企业固定效应	是	是
省份固定效应	是	是
年份固定效应	是	是
样本容量	21 562	30 706
R^2	0.064 8	0.112 6

注：括号内的数值表示估计系数的聚类稳健标准误，*** 、** 、* 分别表示在1%、5%、10%的水平上显著。

5.2.4　本节小结

本节中，笔者选取 2004—2023 年所有 A 股上市公司作为研究样本，基于资本要素市场空间整合的视角，深入探讨了其对企业债务融资成本的影响，研究得到了以下几点结论：①资本要素市场空间整合能显著降低企业债务融资成本；②使用滞后值作为工具变量以解决内生性问题、替换核心解释变量的稳健性检验均不改变基本结论；③资本要素市场空间整合对企业债务融资成本的影响存在企业所有权性质、企业规模和行业异质性。具体地，在企业所有权性质异质性上，资本要素市场空间整合对降低国有企业债务融资成本的作用比非国有企业更大；在企业规模异质性上，资本要素市场空间整合对降低大型企业债务融资成本的作用比中小企业更强；在行业异质性上，资本要素市场空间整合不能显著降低制造业企业的债务融资成本，但可以显著降低非制造业企业的债务融资成本。

5.3　资本要素市场空间整合的区域房价联动效应

20 世纪 90 年代末以来，房地产市场经历了快速的发展，对我国经济增长和城市化进程做出了巨大贡献，但与此同时，全国各地住房价格不断上涨，房价上涨引致了地价上涨，反过来又推动了房价上涨，房价和地价恶性循环式的上涨严重影响了广大民众满足其基本住房需求。各级政府为了抑制不断攀升的房价，出台了各种调控措施，但调控的效果并不理想，出现了房价上涨—调控—再上涨—再调控的怪圈。然而，2019 年以来，房价又出现了明显下跌，虽然政府有关部门松绑了一些抑制房价上涨的政策，以遏制房价下跌势头，但效果同样不理想。这种房价普涨普跌的现象引起了学者的广泛关注，进而引发了对我国房地产市场的大量研究。房价是房地产市场的核心问题，很多学者都对我国房地产市场的价格进行了研究，但很多对房价的研究只关注了国家、某一省份或特定城市的单一市场，而忽视了不同区域市场间存在的房价联动关系。随着区域间资本流动、人口迁移、企业搬迁和随之而来的财富转移，再加上通信和区际交通的快速发展，区域间房价的相互影响会越来越普遍和广泛，因此，脱离区域间房价联动关系而单纯从供求和调控政策来考察房价及其变化是远远不够的。

5.3.1 关于区域房价联动的研究综述

关于区域房价联动的形成机制，多数学者认为可以用"波纹效应"理论加以解释。该理论认为房价在空间上的传导如同水中的波纹扩散一样，房价首先在某些区域发生变化进而引起其他区域的房价依次发生变化。虽然学者对于"波纹效应"的产生机理一直没有达成共识，但长期以来"波纹效应"在研究区域房价互动关系中都占据着重要地位。米恩（Meen）1999 年和伍德（Wood）2003 年将"波纹效应"产生的原因归结为六个方面：家庭迁移、住房交易与搜索成本、财富转移、空间套利、影响区域房价各因素间的领先滞后关系、住房市场的空间异系数性。2003 年伍德进一步研究发现，如果存在"波纹效应"，各区域的房价在长期中应该是趋同的。库克（Cook）和托马斯（Thomas）在 2003 年、史密斯（Smyth）和南达（Nandha）在 2003 年、霍尔姆斯（Holmes）2007 年、古普塔（Gupta）和米勒（Miller）在 2012 年、艾波吉斯（Apergis）和佩恩（Payne）在 2012 年、蔡（Tsai）在 2015 年、库克（Cook）和沃森（Watson）在 2015年运用相关性分析、单位根和协整检验、因果关系检验、方差分解等方法证实了英国和美国的区域房价确实存在趋同性。史蒂文森（Stevenson）在 2004 年对爱尔兰各区域以及爱尔兰和北爱尔兰房价的扩散效应进行了检验，发现房价存在显著的扩散效应。罗（Luo）等人 2007 年基于协整和误差修正模型检验了澳大利亚八个城市的房价联动关系，结果发现这八个城市的房价具有较强的联动性。史（Shi）等人 2009 年的研究发现，新西兰三个主要区域的房价存在弱格兰杰（Granger）因果关系，由此认为这三个区域的房价是联动的。蒋（Chiang）和蔡（Tsai）在2016年的研究发现，美国的区域房价联动现象在房价上涨过程中比较显著，但在房价下跌过程中不明显。艾厄特（Teye）等人2017年基于1996年第一季度至2016年第二季度的数据，使用自回归分布滞后和协整方法分析了荷兰不同区域间的房价走势，结果发现阿姆斯特丹的房价与荷兰其他地区的房价存在领先—滞后关系。

近年来，一些学者开始注意到中国的区域房价联动现象。王松涛等人在2008年以区域房价的"波纹效应"理论为基础，运用Johansen协整检验和多变量因果关系检验分析了我国5个主要区域城市房价间的互动关系。结果表明，各城市房价在长期中存在相互制约的关系，并且在每个区域市场内部，都存在多个显著的因果关系。苑德宇和宋小宁2008年的研究指出，房价泡沫在区域间和区域内部确实存在"传染"现象，东部沿海城市间的传染性最强。黄飞雪等人2009年的研究显示，16个大中城市间的房价在格兰杰意义上有125个单向溢出关系，平均而言，单个城市对其他城市房价的溢出关系约为7.81，表明这16个城市间的房价有明显的相互影响。张凌在2010年的研究发现，我国城市间房价存在空间交互作用和弱连锁反应，表现为热点城市间，以及从东部沿海城市到西部内陆城市的房价具有空间传递特征。陈浪南和王鹤在2012年基于省级面板数据，采用广义空间动态面板模型分析了我国区域房价的互动关系，结果发现，我国区域房价存在时间和空间滞后效应，并且与不相邻地区相比，相邻地区房价相互之间的影响程度更大。王鹤等人2014年基于共同因子模型对区域房价联动影响因素所做的实证分析表明，经济环境和调控政策是影响区域房价联动的主要因素。张衔和林仁达在2015年基于向量误差修正模型和方差分解，并结合空间计量的空间相关性分析了我国7个地区35个大中城市的房价联动性，结果显示，35个城市间房价存在短期波纹效应。陈明华等人2016年从网络结构特征出发研究了区域房价联动关系，结果发现，中国69个大中城市房价联动表现出明显的网络结构形态，城市间人口数量、收入水平、经济发展水平、产业结构和金融发展水平差异对城市间房价联动有重要作用。张（Zhang）等人2017年基于Granger因果关系检验和脉冲响应函数的研究发现，中国35个大中城市间确实存在"波纹效应"，并且房价的变化通常是由东部地区向其他地区扩散。

总的来说，现有文献对房价联动问题进行了较为深入的研究，并取得了丰富的成果，但仍然存在一些不足。第一，现有文献主要采用格兰杰因果关系检验或协整检验来研究区域房价联动，但这只能揭示区域房价是否存在联动性，却无法进一步探知区域房价联动度的强弱，而对这一问题研究的重要性丝毫不亚于对区域房价是否存在联动性的研究；第二，资本在区域间的流动必然会对区域房价联动产生影响，但现有研究区域房价联动影响因素的文献基本都忽视了这一点。为此，本节拟使用同步化指数法测度区域房价联动度，并基于资本要素市场空间整合的视角，深入探讨其对区域房价联动的影响。

5.3.2 研究设计

5.3.2.1 计量模型

资产价格与资本之间存在密不可分的关系，房价也不例外，资本在区域间流动必然会对房价及其区域联动有重要影响。因此，笔者将资本要素市场空间整合水平作为核心解释变量引入计量模型；同时，把一些对区域间房价联动有重要影响的因素作为控制变量引入到模型中。最终，笔者将使用如式（5.4）所示的计量模型进行分析。

$$\mathrm{HPL}_{it} = \alpha + \beta\,\mathrm{CMI}_{it} + \sum_{k=1}^{m}\theta_k\,CV_{it} + \delta_i + \gamma_t + \varepsilon_{it} \qquad (5.4)$$

其中，被解释变量 HPL_{it} 表示城市 i 在月份 t 的房价联动度；CMI_{it} 表示城市 i 在月份 t 的资本要素市场空间整合水平。一般地，资本要素市场空间整合水平越高，资本在区域间流动所受到的限制和阻力就越小。不同城市房价的差异使得资本会在区域间自由流动并以低买高卖的方式追逐利益，从而使区域间的房价差异趋于缩小，因此，资本要素市场空间整合水平的提高会促进区域间的房价联动。CV_{it} 为其他一些对区域房价联动有影响的控制变量；δ_i、γ_t 分别表示城市效应和年份效应；ε_{it} 为随机扰动项，回归中的标准误选择在城市层面进行聚类。

5.3.2.2 变量

（1）被解释变量。

被解释变量为区域房价联动度。如洪勇 2014 年提出的，一个简单明了测度区域间房价联动度的方法是计算不同区域房价的相关系数，通过相关系数来反映区域间房价的联动程度，但该方法存在诸多缺陷，故在实践中使用较少。刘志平和陈智平 2013 年、张衔和林仁达 2015 年利用空间计量方法中的空间相关性检验来研究区域间房价联动程度，即通过引入某个空间权重矩阵计算 Moran's I 或者 Geary's C 指数来衡量区域间房价联动度。该方法的优点是关注了区域间的空间依赖性，但也存在一个明显的缺陷，即它需要研究者主观设定一个非随机的空间权重矩阵，而此空间权重矩阵很可能无法完全反映不同区域间复杂的相互关系。在测度区域间房价联动度时，笔者使用的是 C-M 同步化指数，即用不同区域房价变化的同步程度来衡量其联动性。该同步化指数是切尔奎拉（Cerqueira）和马丁斯（Martins）2009 年在研究 20 个 OECD 国家间经济周期协动性问题时首次提出，计算方法如式（5.5）所示。

$$
\rho_{ijt} = 1 - \frac{1}{2} \left[\frac{(d_{it} - \overline{d_i})}{\sqrt{\frac{1}{T} \sum_{i=1}^{T} (d_{it} - \overline{d_i})^2}} - \frac{(d_{jt} - \overline{d_j})}{\sqrt{\frac{1}{T} \sum_{j=1}^{T} (d_{jt} - \overline{d_j})^2}} \right]^2
$$

（5.5）

其中，ρ_{ijt} 为同步化指数，它反映了不同区域同一经济指标的协动程度。笔者将使用该指数衡量区域 i 和区域 j 之间房价在时期 t 的联动性，d_{it}、d_{jt} 分别表示区域 i 与区域 j 在时期 t 的新建商品住宅销售价格指数[1]，$\overline{d_i}$、$\overline{d_j}$ 分别表示样本期内区域 i 与区域 j 新建商品住宅销售价格指数按时间平均计算的均值。ρ_{ijt} 的取值范围为（$-\infty$，1]，取值越大表明联动程度越高。用 C-M 同步化指数来反映房价联动程度有如下优点：①避免了相关系数对某一时期两个区域的房价只能计算一个相关系数，故只能适用于横截面数据模型的缺陷；该指数能密切追踪房价联动程度的变化，即它能够计算出两个区域任一时期房价联动程度的时点数据，因而可用于面板数据模型。②不需要人为主观地引入空间权重矩阵，保证了计算的客观性。

（2）核心解释变量。

核心解释变量为资本要素市场空间整合水平，拟使用第三章中介绍的价格法计算得到。此外在稳健性检验中，笔者还将使用波动同步法测度的资本要素市场空间整合水平作为核心解释变量进行分析。

（3）控制变量。

影响区域房价联动的因素包括：35 个大中城市房地产企业信贷水平差

---

[1] 本书使用的价格指数是同比数据，故不需要进行季节调整。

异（$CREDIT_{it}$，用城市i在月份t的房地产企业商品房单位销售面积信贷额与其他城市均值的差额表示，由于被解释变量是某一城市与其他城市的房价联动度，故解释变量应该用该市相对于其他城市该变量的相对数表示，笔者采用的是差额形式并对该差额取绝对值，下同）；35 个大中城市房地产企业所缴纳税费差异（TAX_{it}，用城市i在月份t的房地产企业商品房单位销售面积税费与其他城市均值的差额表示）；35 个大中城市的人均收入水平差异（$WAGE_{it}$，用城市i在月份t的在岗职工平均工资与其他城市均值的差额表示，以衡量该市与其他城市人均收入水平的差异）、经济发展水平差异（$PGDP_{it}$，用城市i在月份t的人均 GDP 与其他城市均值的差额表示，以反映该市与其他城市经济发展水平的差异）、人口数量差异（POP_{it}，用城市i在月份t的人口数量与其他城市均值的差额表示，用来衡量该市与其他城市对住房需求的差异）、相互间的距离（$DIST_{it}$，用城市i在月份t与其他城市以 GDP 为权重的加权平均距离表示①）。实证分析时各控制变量均作了对数处理。

5.3.2.3　样本选择与数据来源

笔者选取 2004—2023 年 35 个大中城市月度房价作为研究样本，研究中的数据来源于《中国城市统计年鉴》、《中国房地产统计年鉴》、中经网统计数据库、国研网统计数据库、中国经济社会大数据研究平台、EPS 数据平台和各城市统计年鉴。

5.3.3　实证结果及分析

5.3.3.1　基准回归分析

表 5.14 给出了资本要素市场空间整合对区域房价联动影响的分析结果。其中，第（1）列仅引入核心解释变量资本要素市场空间整合水平，结果显示，资本要素市场空间整合水平 CMI_{it} 的估计系数为负，并在 1%的水平上显著，表明资本要素市场空间整合可以显著提高区域房价联动度（用价格法测算的资本要素市场空间整合水平，数值越小表示资本要素市场空间整合水平越高，因此，估计系数为负表明资本要素市场空间整合水平能提高区域房价联动度）。笔者在第（2）列中加入了控制变量，结果显示，$CREDIT_{it}$ 的系数为正且高度显著，表明随着商品房单位销售面积信贷额差异的扩大，区域间

---

① 由于某市与其他城市的简单算术平均距离在每一期都是相同的，为了使该数据在每一期有所变化，故笔者使用了以各城市 GDP 为权重的加权平均距离。

房价联动程度会提高。这可能是因为房价上升过快区域的房地产企业因为房价快速上升而获得大量利润，为了获得更多利润，该区域的房企会通过增加信贷以加大房地产的开发力度，进而使房地产的供给快速增加，这样会抑制房价的过快增长；反之，房价上升较慢区域的房地产企业由于获利有限，故不会盲目增加信贷甚至是减少信贷，这就会使房地产的供给增长缓慢，当该区域需求积累到一定程度得以释放时，就会推动房价较快上升，这样就会使不同区域的房价差异缩小（如果是房价下跌，其原理相同）。TAX_{it} 的系数为负且高度显著，表明不同区域商品房单位销售面积税费的差额越大，区域间房价联动程度就会越低，这是因为税费是房价的直接构成部分，随着区域间税费差异的扩大，房价的差异也会变大，因此，区域间的房价联动度就会降低。$WAGE_{it}$、POP_{it} 的系数为负并在 1% 的水平下显著，这表明随着区域间人均收入和人口数量差异的扩大，区域间房价联动度会下降，这是因为人均收入和人口数量差异的扩大，意味着区域间房地产需求差异的扩大，进而导致区域间房价差异的扩大，从而使区域间房价联动度下降。$PGDP_{it}$ 的系数为负并在 5% 的水平下显著，这表明经济发展水平差异越大，区域间房价联动度就越低，这可能是因为房价与经济发展水平通常是正相关的，故经济发展水平越是不同，房价差异就越大。$DIST_{it}$ 的系数为负但并不显著，这表明虽然空间距离对区域间房价联动度有负向影响，但这种影响可以忽略不计。引入控制变量后，资本要素市场空间整合水平 CMI_{it} 的系数依然为负且高度显著，这表明引入控制变量不改变资本要素市场空间整合能促进区域间房价联动的基本结论。笔者在第（3）、（4）列中分别加入城市固定效应和年份固定效应，结果显示，资本要素市场空间整合水平的估计系数依然高度显著为负，其他控制变量的系数符号没有改变，系数显著性也无大的变化，初步表明研究结论具有较好稳健性。

表 5.14　基准回归分析

变量	（1）	（2）	（3）	（4）
CMI_{it}	−0.472***	−0.436***	−0.543***	−0.451***
	（0.135）	（0.126）	（0.117）	（0.132）
Ln（$CREDIT_{it}$）		0.298***	0.312***	0.321***
		（0.089）	（0.093）	（0.102）
Ln（TAX_{it}）		−0.629***	−0.723***	−0.675***
		（0.203）	（0.239）	（0.236）

表5.14(续)

变量	（1）	（2）	（3）	（4）
Ln（WAGE$_{it}$）		-0.577^{***}	-0.479^{***}	-0.538^{***}
		（0.189）	（0.163）	（0.175）
Ln（PGDP$_{it}$）		-0.339^{**}	-0.298^{**}	-0.317^{*}
		（0.167）	（0.146）	（0.167）
Ln（POP$_{it}$）		-0.463^{***}	-0.438^{**}	-0.485^{***}
		（0.106）	（0.191）	（0.152）
Ln（DIST$_{it}$）		-0.568	-0.421	-0.277
		（0.433）	（0.275）	（0.301）
常数项	0.871^{***}	0.349	0.679	0.268^{**}
	（0.263）	（0.257）	（0.351）	（0.128）
城市固定效应	否	否	是	是
年份固定效应	否	否	否	是
观测次数	8 400	8 400	8 400	8 400
R^2	0.077	0.122	0.116	0.109

注：括号内的数值表示估计系数的标准误；***、**、*分别表示在1%、5%、10%的显著性水平下该系数是显著的。

5.3.3.2 内生性检验

鉴于区域房价联动作为被解释变量，也可能反过来影响模型中的解释变量，这会造成联立性偏差，进而导致内生性问题。为了应对这一难题，探求合适的工具变量就变得尤为关键。理想的工具变量需与解释变量紧密相关，同时与随机误差项不相关。尽管寻找好的工具变量颇具挑战性，但在面板或时间序列模型中，采用解释变量的滞后值作为工具变量不失为一种好的策略。这种选择的合理性在于滞后值与当期值常呈显著相关性，且被解释变量的当期值对解释变量的前期值通常无直接影响。因此，将解释变量的滞后值作为工具变量颇具合理性。据此，笔者将各解释变量的滞后一期作为工具变量进行估计，相关结果列于表5.15中。其中，第（1）列只含有核心解释变量，第（2）、（3）、（4）列中分别加入控制变量、城市固定效应和年份固定效应。由估计结果可知，运用工具变量进行回归分析得出的结果与表5.14中的基准回归分析结果基本保持一致。这表明在基准回归分析中，联立性偏差并不严重，也没有造成的太大的内生性问题。

表 5.15　内生性检验

变量	（1）	（2）	（3）	（4）
$CMI_{i,t-1}$	-0.417***	-0.429***	-0.378***	-0.452***
	(0.121)	(0.128)	(0.131)	(0.147)
常数项	0.523*	0.632	0.463***	0.339
	(0.277)	(0.448)	(0.151)	(0.257)
控制变量	否	是	是	是
城市固定效应	否	否	是	是
年份固定效应	否	否	否	是
观测次数	8 365	8 365	8 365	8 365
R^2	0.072	0.115	0.138	0.126

注：括号内的数值表示估计系数的标准误；***、**、* 分别表示在1%、5%、10%的显著性水平下该系数是显著的。

5.3.3.3　稳健性检验

（1）更换核心解释变量。

在基准回归分析中的资本要素市场空间整合水平是采用价格法测算得到的。本小节中，为了对回归结果的稳健性进行考察，笔者采用波动同步法测度得到的资本要素市场空间整合水平再次进行回归分析，回归结果如表 5.16 所示。其中，第（1）列只含有核心解释变量，第（2）、（3）、（4）列中分别加入控制变量、城市固定效应和年份固定效应。由估计结果可知，替换了核心解释变量后，其估计系数显著为正，表明资本要素市场空间整合可以显著提高区域房价联动度（用波动同步法测算的资本要素市场空间整合水平，数值越大表示资本要素市场空间整合水平越高，因此，估计系数为正表明资本要素市场空间整合能提高区域房价联动度）。可以看到，更换核心解释变量的测度方法后，虽然资本要素市场空间整合水平的系数符号发生了变化，但其对区域房价联动度的作用方向并没有发生改变，表明分析结论不会因为更换核心解释变量的测度方法而发生改变，基准回归分析中所得的研究结论具有较好的稳健性。

表 5.16　稳健性检验Ⅰ：更换核心解释变量

变量	（1）	（2）	（3）	（4）
CMI_{it}	0.553***	0.578***	0.531***	0.527***
	(0.156)	(0.151)	(0.157)	(0.155)

变量	（1）	（2）	（3）	（4）
常数项	−0.752***	0.657***	0.543**	0.246
	(0.199)	(0.218)	(0.228)	(0.232)
控制变量	否	是	是	是
城市固定效应	否	否	是	是
年份固定效应	否	否	否	是
观测次数	8 400	8 400	8 400	8 400
R^2	0.087	0.125	0.116	0.138

注：括号内的数值表示估计系数的标准误；***、**、*分别表示在1%、5%、10%的显著性水平下该系数是显著的。

（2）更换被解释变量。

对于被解释变量区域房价联动度 HPL_{it}，笔者采取了另外一种方法进行度量，即用某市新建商品住宅销售价格指数与其他城市均值之差的绝对值表示，其值越小表明该市与其他城市房价变化的差异越小，与其他城市的房价联动度就越高；反之，房价联动度就越低。为了使房价联动度与该数值成正比，笔者用100与该数值之差再除以100作为区域房价联动度 HPL_{it} 的观测数据①，回归结果如表5.17所示。其中，第（1）列只含有核心解释变量，第（2）、（3）、（4）列中分别加入控制变量、城市固定效应和年份固定效应。由估计结果可知，更换了被解释变量后，各列核心解释变量的估计系数依然显著为负，资本要素市场空间整合能显著提高区域房价联动度，与基准回归分析所得结果一致，表明更换被解释变量并不改变研究结论，这再次说明研究结论具有较好稳健性。

表 5.17　稳健性检验 II：更换被解释变量

变量	（1）	（2）	（3）	（4）
CMI_{it}	−0.275***	−0.258***	−0.287***	−0.312***
	(0.078)	(0.082)	(0.062)	(0.077)
常数项	0.088***	0.112	0.075	0.127***
	(0.023)	(0.137)	(0.069)	(0.031)

---

① 由于用C-M同步化指数计算的区域房价联动度的取值都为0到1，出于可比性考虑，为了使该方法计算出的数值也在0到1之间，故用100与该数值之差再除以100作为区域房价联动度的观测数据。

表5.17(续)

变量	(1)	(2)	(3)	(4)
控制变量	否	是	是	是
城市固定效应	否	否	是	是
年份固定效应	否	否	否	是
观测次数	8 400	8 400	8 400	8 400
R^2	0.069	0.118	0.109	0.112

注：括号内的数值表示估计系数的标准误；***、**、*分别表示在1%、5%、10%的显著性水平下该系数是显著的。

5.3.3.4 异质性分析

(1) 城市发展水平异质性。

35个大中城市的发展水平有所不同，可能使资本要素市场空间整合对区域房价联动的影响也有所不同，因此，笔者将35个大中城市划分为一线城市和非一线城市两组样本分别进行回归分析。表5.18第（1）列、第（2）列的估计结果显示，在一线城市样本中，核心解释变量的估计系数在1%的水平下显著为负；在非一线城市样本中，核心解释变量的估计系数在5%的水平下显著为负，且一线城市样本中的估计系数绝对值明显比非一线城市样本的大（组间回归系数差异性检验表明两者存在显著差异）。因此，资本要素市场空间整合对区域房价联动的影响在城市发展水平上存在异质性。

表5.18　城市发展水平异质性分析

变量	(1) 一线城市	(2) 非一线城市
CMI_{it}	−0.726***	−0.355**
	(0.167)	(0.158)
常数项	0.569***	0.413***
	(0.142)	(0.137)
控制变量	是	是
城市固定效应	是	是
年份固定效应	是	是
观测次数	960	7 440
R^2	0.163	0.096

注：括号内的数值表示估计系数的标准误；***、**、*分别表示在1%、5%、10%的显著性水平下该系数是显著的。

（2）时间异质性。

中国经济自 2014 年起步入新常态，标志着其经济运行环境和条件经历了显著变革。这种变革可能引发资本要素市场空间整合对区域房价联动的影响机制发生改变。因此，笔者将样本划分为 2004—2013 年、2014—2023 年两个阶段，分别进行估计，旨在探究这两个阶段中资本要素市场空间整合对区域房价联动的影响是否存在差异，估计结果见表 5.19。由估计结果可知，2004—2013 年，资本要素市场空间整合的估计系数仅在 10% 的水平下显著为负；2014—2023 年，资本要素市场空间整合的估计系数在 1% 的水平下显著为负，且 2014—2023 年的估计系数绝对值明显比 2004—2013 年的大（组间回归系数差异性检验表明两者存在显著差异）。这表明资本要素市场空间整合对区域房价联动的影响在不同阶段确实存在异质性。

表 5.19　时间异质性分析

变量	（1）2004—2013 年	（2）2014—2023 年
CMI_{it}	−0.658***	−0.462**
	(0.213)	(0.207)
常数项	0.378**	−0.773***
	(0.163)	(0.176)
控制变量	是	是
城市固定效应	是	是
年份固定效应	是	是
观测次数	4 200	4 200
R^2	0.142	0.107

注：括号内的数值表示估计系数的标准误；***、**、*分别表示在 1%、5%、10% 的显著性水平下该系数是显著的。

5.3.4　动态面板分析

前述静态面板模型能够控制城市固定效应和年份固定效应，引入工具变量还可以解决模型的内生性问题，但是，区域房价联动度很可能存在惯性，即如果 $t-1$ 期的房价联动度较高，那么 t 期的房价联动度通常也会较高，前述使用的静态面板模型无法反映这样的特征，而动态面板则能很好地捕捉这一惯性特征；同时，动态面板模型的 GMM 估计可以更好地解决内生性问题。下面笔者将区域房价联动度的滞后一期值作为解释变量引入模型，并采用如式（5.6）所示的动态面板模型进行分析。

$$\text{HPL}_{it} = \alpha + \varphi\,\text{HPL}_{i,\,t-1} + \beta\,\text{CMI}_{it} + \sum_{k=1}^{m} \theta_k\,CV_{it} + \delta_i + \gamma_t + \varepsilon_{it} \quad (5.6)$$

其中，$\text{HPL}_{i,\,t-1}$ 为区域房价联动度滞后一期的值，其他变量的含义与式（5.4）相同。由于解释变量中出现了被解释变量的滞后值，使得前述在静态面板中所使用的方法也无法解决动态面板带来的内生性问题。阿雷拉诺（Arellano）和邦德（Bond）在 1991 年提出可以用差分 GMM 估计来解决该问题，即先对式（5.6）做一阶差分以消除城市个体效应，然后将被解释变量滞后二期的值作为其差分变量的工具变量进行估计①。但用差分 GMM 对动态面板模型进行估计需要满足两个前提条件：一是式（5.6）中的随机扰动项 ε_{it} 不存在自相关，即经过差分变换的残差一阶差分序列只存在一阶序列相关，但不存在二阶序列相关；二是所使用的工具变量必须是有效工具变量，即要求工具变量与随机扰动项 ε_{it} 不相关。这两个前提条件可以分别用 Arellano-Bond 检验和过度识别的 Hensen 检验进行判别②。表 5.20 的第（1）列给出了差分 GMM 的估计结果，区域房价联动度滞后一期值 $\text{HPL}_{i,\,t-1}$ 的系数显著为正，说明区域房价联动确实存在惯性特征。资本要素市场空间整合水平 CMI_{it} 的系数为负，并在 5% 的显著性水平下显著。从第（1）列下方的 Arellano-Bond 检验可知，残差的一阶差分序列存在自相关，而二阶差分序列不存在自相关，表明原模型式（5.6）中的随机扰动项 ε_{it} 不存在自相关；Hensen 检验表明工具变量是有效的，与随机扰动项 ε_{it} 不相关。

由于差分 GMM 估计可能存在弱工具变量问题，使其估计的效率并不高。布伦德尔（Blundell）和邦德（Bond）在 1998 年提出在差分方程的基础上再引入水平方程，将被解释变量的差分滞后值作为水平方程被解释变量滞后一期值的工具变量以解决水平方程中的内生性问题，再将差分方程和水平方程结合起来作为一个方程系统进行 GMM 估计，这就是系统 GMM 估计。与差分 GMM 相比，系统 GMM 可以有效解决弱工具变量问题，提高估计的效率。与差分 GMM 一样，系统 GMM 也要满足前述两个前提条件。

---

① 除了将被解释变量滞后二期的值为工具变量外，还可以将更高阶的滞后值作为工具变量以提高工具变量的有效性。

② 过度识别检验也可以用 Sargan 检验进行判别，但 Sargan 检验在模型存在异方差和自相关时是非稳健的。

表 5.20 的第（2）列给出了系统 GMM 的估计结果，其与差分 GMM 的结果基本一致，区域房价联动度滞后一期值 $HPL_{i,t-1}$ 的系数为正，且高度显著。资本要素市场空间整合水平 CMI_{it} 的系数在 1% 的水平下显著为负，其显著性比差分 GMM 估计有所提高，这很可能是由于估计效率提高所致。Arellano-Bond 检验和 Hensen 检验表明随机扰动项 ε_{it} 不存在自相关且工具变量是有效的。

表 5.20　动态面板模型分析

变量	（1）差分 GMM	（2）系统 GMM
$HPL_{i,t-1}$	0.767 ***	0.812 ***
	(0.225)	(0.215)
CMI_{it}	−0.473 **	−0.569 ***
	(0.197)	(0.175)
常数项	0.695 ***	0.773 ***
	(0.233)	(0.208)
控制变量	是	是
城市固定效应	是	是
年份固定效应	是	是
观测次数	8 330	8 365
R^2	0.173	0.187
AR（1）	[0.000]	[0.000]
AR（2）	[0.437]	[0.382]
Hansen 检验	[0.629]	[0.577]

注：（ ）内的数值表示估计系数的标准误；〔 〕内的数值表示对应检验统计量的 P 值；***、**、* 分别表示在 1%、5%、10% 的显著性水平下该系数是显著的。

5.3.5　本节小结

本节中，笔者选取 2004—2023 年 35 个大中城市月度房价作为研究样本，基于资本要素市场空间整合的视角，深入探讨了其对区域房价联动的影响，研究得到了以下几点结论：①资本要素市场空间整合能显著提高区域房价联动度；②使用滞后值进行工具变量回归、替换核心解释变量和被解释变量的稳健性检验均不改变基本结论；③资本要素市场空间整合对区域房价联动的影响存在城市发展水平和时间异质性；具体地，在城市发展水平异质性上，资本要素市场空间整合对提高一线城市房价联动度的作用比非一线城市更大；在时间异质性上，资本要素市场空间整合在2014—2023年期间对提高区域房价联动度的作用比在2004—2013年更大；④动态面板分析结果表明，区域房价联动存在惯性特征。

5.4 本章小结

本章在前两章研究资本要素市场空间整合水平测度及其影响因素与机制的基础上，详细分析了资本要素市场空间整合的经济社会效应。首先，技术溢出在经济社会发展中扮演着重要角色，而技术往往以资本作为载体，随着资本要素市场空间整合程度的提高，资本跨地区流动性不断增强，促进了技术在地区间的扩散，从而产生了技术溢出效应。因此，笔者深入研究了资本要素市场空间整合的技术溢出效应。其次，资本要素市场空间整合有助于金融市场的深化和完善，一个更加成熟的金融市场通常意味着更高的透明度和更低的交易成本，这能为企业降低融资成本。鉴于资本的流动往往伴随着信息的传递，这有助于减少资金提供者与企业之间的信息不对称，进而降低代理成本，从而进一步减轻企业的债务融资成本。因此，笔者深入探讨了资本要素市场空间整合是如何影响企业债务融资成本的。最后，房价是房地产市场的核心问题，对经济社会和民生都有重要影响。同时，不同地区的房价也不是孤立的，随着资本要素市场空间整合水平的提高，区域间房价的相互联系变得越来越广泛而普遍，因此，脱离区域间房价联动关系来考察房价及其变化显然是不全面的。为此，笔者深入分析了资本要素市场空间整合的区域房价联动效应。

在资本要素市场空间整合的技术溢出效应分析中，笔者研究发现：第一，资本要素市场空间整合能显著促进技术溢出，各种检验均支持这一结论。第二，资本要素市场空间整合对技术溢出的作用存在地区和时间异质性，具体地，在东、中部地区，资本要素市场空间整合对技术溢出具有显著促进作用，而在西部地区，资本要素市场空间整合对技术溢出的促进作用不显著；2014—2023年，资本要素市场空间整合能显著促进技术溢出，而2004—2013年，资本要素市场空间整合对技术溢出不具有显著促进作用。第三，资本要素市场空间整合对技术溢出的作用存在门限效应，在不同的技术创新水平下，资本要素市场空间整合对技术溢出的影响是有差异的，技术创新水平越高，资本要素市场空间整合对技术溢出的促进作用越强。

关于资本要素市场空间整合的企业债务融资效应分析，笔者研究发现：第一，资本要素市场空间整合能显著降低企业债务融资成本。第二，使用滞后值作为工具变量进行回归、替换核心解释变量的稳健性检验均不改变基本结论。第三，资本要素市场空间整合对企业债务融资成本的影响存在企业所有权性质、企业规模和行业异质性。具体地，在企业所有权性质异质性上，资本要素市场空间整合对降低国有企业债务融资成本的作用比非国有企业更大；在企业规模异质性上，资本要素市场空间整合对降低大型企业债务融资成本的作用比中小企业更强；在行业异质性上，资本要素市场空间整合不能显著降低制造业企业的债务融资成本，但可以显著降低非制造业企业的债务融资成本。

在资本要素市场空间整合的区域房价联动效应分析中，笔者研究发现：第一，资本要素市场空间整合能显著提高区域房价联动度。第二，使用滞后值进行工具变量回归、替换核心解释变量和被解释变量的稳健性检验均不改变基本结论。第三，资本要素市场空间整合对区域房价联动的影响存在城市发展水平和时间异质性。具体地，在城市发展水平异质性上，资本要素市场空间整合对提高一线城市房价联动度的作用比非一线城市更大；在时间异质性上，资本要素市场空间整合在2014—2023年对提高区域房价联动度的作用比在2004—2013年更大。第四，动态面板分析结果表明，区域房价联动存在惯性特征。

鉴于资本要素市场空间整合能显著促进区域间技术溢出、降低企业债务融资成本、增强区域房价联动度，因此，笔者认为应该从以下几个方面着手加速资本要素市场空间整合进程。首先，减少地区间的行政壁垒和市场分割，打破地方保护主义，促进公平竞争。其次，政府应制定明确的资本要素市场发展政策，为市场整合提供指导和支持；同时，要强化监管机构的作用，确保市场规则和法律法规的有效执行，维护市场的公平公正。再次，建立统一的市场准入规则，降低市场进入壁垒，促进资本在不同地区和行业间的自由流动；制定统一的交易规则和信息披露标准，提高市场效率和透明度。最后，推动区域金融中心的建设和发展，形成金融集聚效应，促进资本在区域间的优化配置。

6 结论

本章拟对本书的研究进行全面回顾与总结，在概括主要结论的基础上提出相应的政策建议，并指出未来进一步的研究方向。

6.1 主要结论与政策建议

本书在回顾已有关于资本要素市场空间整合相关文献的基础上，采用价格法、波动同步法、F-H法和引力模型法，对2004—2023年中国资本要素市场空间整合水平进行了测度，并对所得到的测度结果进行了相互比较和验证，这样可以最大限度地保证测度结果的稳健性和可靠性。然后，基于基础设施建设、城市群扩容和营商环境的视角，详细研究它们如何影响资本要素市场空间整合（区域资本流动）。最后，在研究资本要素市场空间整合水平及其影响因素与机制的基础上，详细分析了资本要素市场空间整合的技术溢出、企业债务融资和区域房价联动效应。通过分析笔者得到了以下一些结论。

第一，笔者通过不同方法对资本要素市场空间整合的测度表明，从趋势上看，中国国内资本要素市场在2004—2023年是逐渐趋于整合的，但在2004—2013年，资本要素市场空间整合经历了起伏和反复，市场整合提高的幅度也比较有限；而在2014—2023年，资本要素市场空间整合进程比较平稳，基本上呈现出了逐年改善的走势，并且市场整合提高的幅度明显高于2004—2013年。

在价格法中，笔者使用资本品相对价格方差及其变化来衡量资本要素市场空间整合状况及其演进趋势。结果显示，2004—2023年，中国30个省份资本品的相对价格方差总体呈现出明显下降趋势，表明该时期资本要素市场空间整合水平有了明显提高，资本要素市场化改革成效显著。以

2013 年为时间节点将 2004—2023 年划分为前后两个十年来看，2004—2013 年，30 个省份资本品相对价格方差虽然总体呈现出了下降趋势，但在某些年份曾出现了短暂的上升势头，特别是 2008 年国际金融危机期间，资本品相对价格方差出现了较大幅度的上升，说明 2004—2013 年期间资本要素市场在走向整合过程中存在一定的反复。2014—2023 年，30 个省份资本品相对价格方差呈现出逐年下降的走势，并且下降幅度也比 2004—2013 年期间要大，说明这一时期资本要素市场空间整合进程推进得更为顺畅。东、中、西部三大地区 2004—2023 年资本品相对价格方差走势情况与全国的情况比较相似，并且三大地区的走势与全国也比较同步，这表明东、中、西部地区的资本要素市场空间整合状况与全国的总体状况基本保持一致。对东、中、西部地区的省份而言，其资本要素市场空间整合水平存在明显差异，在样本期的任何一个年份，东部省份资本要素市场空间整合水平几乎都高于中西部省份。虽然中西部省份资本要素市场空间整合水平比东部省份低，但在 2004—2023 年，中西部省份资本要素市场空间整合水平的提高程度基本都比东部省份高，且随着时间的推移，中西部省份资本要素市场空间整合水平也在逐年接近东部省份。

在波动同步法中，笔者分别采用经 H-P 滤波的相关系数法和同步化指数法对区域资本要素市场空间整合进行了测度，用这两种方法得到的测度结果都表明，2004—2023 年 30 个省份间的资本边际产出同步性水平有所上升，表明资本要素市场空间整合水平在该时期有所提高，资本要素市场化改革有了一定进展。但在资本要素市场空间整合水平总体呈现上升趋势的背景下，某些年份也出现了短暂的下降走势。分地区看，东部省份的资本边际产出同步性水平基本都高于中西部省份，表明东部地区的资本要素市场空间整合水平处于领先地位。F-H 法下的测度结果表明，2014—2023 年的储蓄留存率与 2004—2013 年相比有了相当程度的下降。这说明在 2014—2023 年省际资本的流动程度有较大改善，30 个省份省际资本流动性随时间在增强。从东、中、西部地区之间的横向比较来看，东部地区的储蓄留存率最低，中、西部地区的储蓄留存率较高，这表明东部地区内部各省份间的资本流动性比中、西部地区要高。

引力模型法的测度结果表明，2004—2023 年，30 个省份的资本流动水平呈现出上升趋势，资本要素跨区域流动所受到的束缚有所下降，表明该时期资本要素市场空间整合水平有了提高，资本要素市场化改革取得了一些进展。以2013年为时间节点将2004—2023年划分为前后两个十年来看，2004—2013年，30个省份资本流动水平虽然在总体上呈现出了上升趋势，但在2008年和2009年曾出现了短暂的下降走势，特别是2008年国际金融危机期间，区域资本流动水平出现了较大幅度的下降，说明2004—2013年区域资本流动水平的上升并非一帆风顺，资本要素市场在走向整合过程中存在一定的反复。2014—2023年，30个省份资本流动水平基本呈现出逐年上升趋势，该时期区域资本流动水平上升幅度比2004—2013年的上升幅度要大，说明这一时期资本要素市场空间整合进程比前一个十年更顺畅，资本要素市场空间整合水平提高程度更大。三大地区资本流动水平的变化情况与全国均比较相似，且三大地区资本流动水平的走势与全国的同步程度也较高，这表明东、中、西部地区的资本要素市场空间整合水平及其演进情况与全国的总体状况基本保持一致。此外，对不同地区的省份而言，资本流动水平的差异是比较明显的，对于任一年份，东部省份的资本流动水平几乎都高于中西部省份。

为了得到更稳健、更可靠的研究结论，笔者对以上各种测度方法得到的结果进行相互验证、比较和综合后认为，2004—2023年，中国大陆30个省份资本要素市场空间整合水平有明显的提高，要素市场化改革取得了较大进展，为全国统一大市场建设和畅通国内大循环奠定了坚实的基础。以2013年为时间节点将2004—2023年划分为前后两个十年来看，2004—2013年，30个省份资本要素市场空间整合水平虽有所提高，但提高的幅度并不算太大且存在一些反复，在某些年份中，很多省份的资本要素市场空间整合水平出现了短暂的下降趋势。2014—2023年期间，区域资本要素市场空间整合水平基本呈现出逐年上升的走势，上升幅度比2004—2013年更大，表明该时期30个省份资本要素市场空间整合进程处于持续、平稳、有效地推进过程中。分地区看，东、中、西部省份间资本要素市场空间整合水平存在一定差异，综合各种方法的测度结果，笔者认为，东部省份的资本要素市场空间整合水平最高、中部省份次之，西部最低，虽然中西部省份资本要素市场空间整合水平相对较低，但其改善程度比东部省份更大。此外，虽然30个省份间的资本要素市场空间整合水平存在差异，但2004—2023年各省份资本要素市场空间整合进程的演进趋势比较相似。

第二，笔者从基础设施建设、城市群扩容和营商环境的视角出发，详细研究了它们对资本要素市场空间整合（区域资本流动）的影响，并提出了有针对性的促进资本要素市场空间整合的政策建议，以加速资本要素市场空间整合进程，进而加快全国统一大市场的建设，畅通国内大循环。在基础设施建设对资本要素市场空间整合影响的研究中，笔者使用2004—2023年A股上市公司数据，基于企业异地投资视角，将高铁开通和"宽带中国"战略均视为一项准自然实验，使用交叠DID模型，实证分析交通与网络基础设施建设对资本要素市场空间整合的因果效应。研究发现，交通与网络基础设施建设能显著促进企业异地投资，进而推动资本要素市场空间整合，各种稳健性检验均支持这一结论。机制分析表明，缓解融资约束和推动技术创新是"双基建"促进企业异地投资的主要途径。进一步分析显示，与"单基建"相比，"双基建"具有更强的促进企业异地投资作用，表明"双基建"在促进企业异地投资上具有叠加效应，且叠加效应只存在于先成为"宽带中国"试点再开通高铁城市的企业中。由于不同企业在异地投资的意愿、能力和所受政府限制上存在差异，这会使"双基建"对异地投资的促进作用，进而对资本要素市场空间整合的推动作用在不同企业中有所差异。具体而言，在非国有企业、较大规模企业、面临较小本地市场规模企业中，"双基建"对企业异地投资的促进作用比较显著，因而对资本要素市场空间整合的推动作用更大。此外，研究还发现"双基建"能强化企业异地投资对经营绩效的提升作用。这一研究拓展了基础设施建设对要素市场空间整合因果效应的研究，对加快全国统一大市场建设、畅通国民经济循环具有重要启示作用。

为了加快资本要素市场空间整合进程，笔者基于基础设施建设的视角，提出了以下几点政策建议：一是政府可通过出台基础设施投资税收优惠、贷款便利等措施，吸引包括企业、社会团体等各方力量，投入到基础设施建设中去，进一步提高基础设施水平。目前，我国基础设施建设总体上虽发展较快，但在边远和经济不发达地区，基础设施建设水平仍相对落后，远远跟不上经济与社会发展要求，在这些地区积极开展基础设施建设，能显著促进企业异地投资，提高资本要素市场空间整合水平，加速全国统一市场建设，从而畅通国内大循环。二是关注"双基建"对企业异地投资的叠加效应。研究表明，"双基建"对企业异地投资的促进作用比"单基建"更强，因此，在"单基建"城市进一步转变为"双基建"城市过程中，要加强不同基础设施建设间的协调与配合，充分利用"双基建"的协同作用，最大限度发挥其对企业异地投资的叠加效应，加速资本要素市场空间整合进程。

在城市群扩容对区域资本流动的影响研究中，笔者以 2010 年、2013 年长三角扩容作为准自然实验，选取 2004—2023 年 285 个城市作为研究样本，运用纠偏合成控制法研究了长三角扩容对区域资本流动的影响，随后详细分析了长三角扩容影响资本流动的理论机制，并采用简单和有调节的中介效应模型对影响机制进行了实证检验。

研究得到了以下结论：首先，长三角扩容对区域资本流动具有显著促进作用，从不同方面展开的各种检验均支持该结论。其次，长三角扩容对区域资本流动的影响存在异质性，扩容对原位城市区域资本流动的促进作用要优于新进城市。再次，产业分工、金融发展在长三角扩容影响区域资本流动中起着正向中介作用，即长三角扩容可以通过推动产业分工、金融发展，进而促进区域资本流动。最后，产业分工、金融发展的中介作用在中介过程前半路径和后半路径均会受到制度环境的正向调节，即制度越完善，长三角扩容对产业分工和金融发展的推动作用越强，同时，产业分工和金融发展对区域资本流动的促进作用也会越强。

为了促进资本跨区域自由流动，笔者基于城市群扩容的视角，提出了以下几点政策建议：首先，推动长三角会员城市间的深度协调与融合，避免扩容政策形式化与表面化，从而实现长三角扩容利益最大化。要充分发挥长三角城市协调会工作机制和平台的作用，推动长三角会员城市间的沟通、交流与协商，避免城市间出现各自为政、以邻为壑现象，破除地方政府保护和各种显性与隐性市场壁垒，以促进长三角区域资本流动，推动资本要素市场空间整合，加快建立统一、开放、竞争、有序的区域大市场，从而畅通国内大循环。其次，积极推动长三角会员城市间产业梯度转移，优化产业分工格局。一方面，要推动上海等沿海发达城市传统产业向安徽省转移，同时引导发达地区的产业向产业链高端迁移；另一方面要提升安徽省各地级市承接产业转移能力，完善所需的软硬件配套设施，为承接产业转移创造有利条件。通过发达地区产业高端化、沿海与内陆地区高效的产业转移与承接，最终形成完整合理的上下游产业价值链，优化产业分工格局。再次，促进长三角区域金融合作，提高区域金融一体化水平。要建立地方政府与金融监管部门、金融机构的合作协调机制，将金融合作纳入各地政府合作框架，降低按行政区划设置监管机构带来的不利影响。最后，地方政府与监管部门还应明确在区域金融合作中的定位。政策制定者应把重点放在调控和协调上，着力制定金融合作框架，建立金融合作平台，调解金融合作中的矛盾，为充分发挥市场机制提供有利条件。

在营商环境对区域资本流动的影响研究中，笔者基于2004—2023年中国省级层面的数据，使用空间面板计量模型，实证分析了营商环境是如何影响区域资本流动的。

通过研究，笔者得到了以下几点结论：首先，优化营商环境能显著提高区域资本流动水平，从而促进资本要素市场空间整合；其次，省份间的区域资本流动存在正的空间溢出效应，某个省份的资本流动水平提高会导致其他省份的资本流动水平也提高；最后，空间溢出效应不仅表现为不同省份间资本流动的相互影响，而且某一省份的资本流动还会受到其他省份营商环境的影响。

为了便利资本跨区域自由流动，促进资本要素市场空间整合，笔者基于优化营商环境的视角，提出了以下几点政策建议：一是建立健全市场监管体系，加强市场监管力度，维护市场秩序，保障公平竞争；二是完善知识产权保护法律法规，加大知识产权保护力度，提高知识产权侵权成本，降低企业维权成本；三是建立健全企业融资服务体系，加强政银企对接，拓宽企业融资渠道，降低企业融资成本；四是推进政务服务标准化、规范化、便利化，提高政务服务效率，减少企业办事成本和时间成本；五是加强政府诚信建设，规范政府行政行为，减少政府对企业的干预，保障企业合法权益；六是通过降低税率、扩大减免税范围、提高税收优惠政策等方式，减轻企业税费负担，增加企业盈利空间；七是由于区域间存在空间溢出效应，各省级地方政府在制定和出台相关政策时不应该只考虑该政策在本省份的影响，还应考虑该政策对其他省份的影响以及其他省份对该政策的反应，这样才能提高政策的有效性。为此，各省级地方政府应该建立一个沟通与交流的机制或平台，在政策出台前应进行多方协商与商议；此外，中央政府应该站在全局的高度，从更高的层面起到统一指导和居中协调的作用，这样能从政策层面更好地促进区域资本流动、加快资本要素市场空间整合进程。

第三，笔者基于资本要素市场空间整合视角，详细分析了资本要素市场空间整合的技术溢出效应、企业债务融资效应和区域房价联动效应。在资本要素市场空间整合的技术溢出效应分析中，笔者研究发现：资本要素市场空间整合能显著促进技术溢出，各种检验均支持这一结论。资本要素市场空间整合对技术溢出的作用存在地区和时间异质性。具体地，在东、中部地区，资本要素市场空间整合对技术溢出具有显著促进作用，而在西部地区，资本要素市场空间整合对技术溢出的促进作用不显著；2014—2023年，资本要素市场空间整合能显著促进技术溢出，而2004—2013年，资本要素市场空间整合对技术溢出不具有显著促进作用。资本要素市场空间整合对技术溢出的作用存在门限效应，在不同的技术创新水平下，资本要素市场空间整合对技术溢出的影响是有差异的，技术创新水平越高，资本要素市场空间整合对技术溢出的促进作用越强。

关于资本要素市场空间整合的企业债务融资效应分析，笔者研究发现：资本要素市场空间整合能显著降低企业债务融资成本，使用滞后值作为工具变量进行回归、替换核心解释变量的稳健性检验均不改变基本结论。资本要素市场空间整合对企业债务融资成本的影响存在企业所有权性质、企业规模和行业异质性。具体地，在企业所有权性质异质性上，资本要素市场空间整合对降低国有企业债务融资成本的作用比非国有企业更大；在企业规模异质性上，资本要素市场空间整合对降低大型企业债务融资成本的作用比中小企业更强；在行业异质性上，资本要素市场空间整合不能显著降低制造业企业的债务融资成本，但可以显著降低非制造业企业的债务融资成本。

在资本要素市场空间整合的区域房价联动效应分析中，笔者研究发现：资本要素市场空间整合能显著提高区域房价联动度，使用滞后值进行工具变量回归、替换核心解释变量和被解释变量的稳健性检验均不改变基本结论。资本要素市场空间整合对区域房价联动的影响存在城市发展水平和时间异质性。具体地，在城市发展水平异质性上，资本要素市场空间整合对提高一线城市房价联动度的作用比非一线城市更大；在时间异质性上，资本要素市场空间整合在2014—2023年对提高区域房价联动度的作用比在2004—2013年更大。动态面板分析结果表明，区域房价联动存在惯性特征。

基于以上研究结论，笔者认为应该从以下几个方面着手加速资本要素市场空间整合进程。首先，减少地区间的行政壁垒和市场分割，打破地方保护主义，促进公平竞争。其次，政府应制定明确的资本要素市场发展政策，为市场整合提供指导和支持；同时，强化监管机构的作用，确保市场规则和法律法规的有效执行，维护市场的公平公正。再次，建立统一的市场准入规则，降低市场进入门槛，促进资本在不同地区和行业间的自由流动；制定统一的交易规则和信息披露标准，提高市场效率和透明度。最后，推动区域金融中心的建设和发展，形成金融集聚效应，促进资本在区域间的优化配置。

6.2 进一步的研究方向

在测度资本要素市场空间整合（区域资本流动）水平的基础上，笔者对国内资本要素市场空间整合的影响因素与机制、经济社会效应进行了详细的分析。研究获得了一些成果和有益的启示，但仍存在未尽之处，笔者认为至少还可以从如下几个方面进行进一步的研究。

第一，本书仅仅研究了中国国内资本要素市场空间整合情况，而未能进一步研究中国国际资本要素市场空间整合状况，进而无法对中国国内和国际资本要素市场空间整合状况进行比较分析，而这种比较分析是有一定意义的。这是因为一些学者的研究认为，中国国内省份之间资本要素市场空间整合程度不强，甚至比中国与某些欧盟国家的整合程度还要弱。一国国内资本要素市场空间整合水平比其与某些国家间的整合水平还要低，这多少让人有些意外，真实情况是否如此？笔者认为，一些学者之所以得到这样的结论其中很重要的一个原因是，他们将中国国内与国际资本要素市场分开进行单独的分析，然后进行比较，但这不是在统一的标准上进行的比较分析，故其结论有待进一步论证。笔者未来的研究会避免将研究要么只局限在国内市场，要么只针对国外市场的弊端，而是将两者联系起来在同一框架中进行统一的分析和比较。这样就能对中国国内与国际资本要素市场空间整合水平孰高孰低的问题进行较为准确的分析。

第二，现有对中国国内资本要素市场空间整合的研究，很少将中国国内资本要素空间整合水平与其他国家国内的整合水平进行国际比较，例如，在同一时期，相比于其他新兴市场国家，中国国内资本要素市场空间整合处在什么水平？其他新兴市场国家在资本要素市场空间整合进程中有何成功经验和失败教训可以借鉴？中国与西方发达国家国内资本要素空间整合的差距有多大？原因有什么？详细研究这些问题，将对国际国内复杂环境下中国正在进行的市场化改革起到警示和借鉴作用。这将是笔者未来研究的又一重要方面。

第三，一国要素市场通常是由各种不同市场构成的，不仅包括资本要素市场，还包括劳动力等要素市场。出于研究的阶段性、数据可得性等考虑，笔者暂时没有对劳动力等要素市场展开分析。随着今后各种统计数据的不断完善，研究就能分阶段、有步骤地逐渐推进，劳动力等要素市场整合的研究将是笔者未来重要的研究方向，将各种要素市场结合起来进行综合分析，才能使研究更全面、更深入，研究结论才更具有现实意义。

参考文献

安礼伟，蒋元明，2020. 长三角区域规划与先进制造业企业全要素生产率：基于 PSM-DID 模型的经验研究 [J]. 产业经济研究，19 (4)：45-60.

白重恩，张琼，2014. 中国的资本回报率及其影响因素分析 [J]. 世界经济 (10)：3-30.

卞元超，吴利华，白俊红，2019. 高铁开通是否促进了区域创新？[J]. 金融研究 (6)：132-149.

蔡翼飞，刘春雨，马佳丽，2017. 区域资本流动估算及其影响因素分析 [J]. 劳动经济研究 (4)：83-110.

蔡欣磊，范从来，林键，2021. 区域一体化扩容能否促进高质量发展：基于长三角实践的准自然实验研究 [J]. 经济问题探索，42 (2)：84-99.

曹春方，贾凡胜，2020. 异地商会与企业跨地区发展 [J]. 经济研究 (4)：150-166.

曹春方，夏常源，钱先航，2019. 地区间信任与集团异地发展：基于企业边界理论的实证检验 [J]. 管理世界 (1)：179-191.

曹春方，周大伟，吴澄澄，等，2015. 市场分割与异地子公司分布 [J]. 管理世界 (9)：92-103.

曹廷求，张翠燕，2021. 资本回报、产权保护与区域资金集聚 [J]. 金融研究 (2)：75-93.

曹彤，祝韵彤，李婧，等，2020. 粤港澳大湾区区域金融协同发展研究 [J]. 现代商业 (6)：27-32.

陈国亮，唐根年，2016. 基于互联网视角的二三产业空间非一体化研究：来自长三角城市群的经验证据 [J]. 中国工业经济，32 (8)：76-92.

陈继勇，盛杨怿，2008. 外商直接投资的知识溢出与中国区域经济增长 [J]. 经济研究 (12)：39-49.

陈婧，方军雄，秦璇，2019. 交通发展、要素流动与企业创新［J］. 经济理论与经济管理（4）：20-34.

陈浪南，王鹤，2012. 我国房地产价格区域互动的实证研究［J］. 统计研究（7）：37-43.

陈磊，胡立君，何芳，2019. 要素流动、市场一体化与经济发展：基于中国省级面板数据的实证研究［J］. 经济问题探索（12）：56-69.

陈敏，桂琦寒，陆铭，等，2007. 中国经济增长如何持续发挥规模效应？：经济开放与国内商品市场分割的实证研究［J］. 经济学（季刊）（1）：125-150.

陈明华，刘华军，孙亚男，等，2016. 城市房价联动的网络结构特征及其影响因素：基于中国69个大中城市月度数据的经验考察［J］. 南方经济（1）：71-88.

陈强，2014. 高级计量经济学及Stata应用［M］. 北京：高等教育出版社.

陈青青，龙志和，林光平，2012. 面板数据的空间Hausman检验［J］. 系统工程（6）：95-99.

陈胜蓝，刘晓玲，2020. 中国城际高铁与公司客户集中度：基于准自然实验的证据［J］. 南开经济研究（3）：41-60.

陈晓东，杨晓霞，2021. 数字经济发展对产业结构升级的影响：基于灰关联熵与耗散结构理论的研究［J］. 改革（3）：26-39.

陈燕儿，白俊红，2019. 要素流动与区域经济差距［J］. 现代经济探讨（6）：6-13.

陈勇，柏喆，2018. 技能偏向型技术进步、劳动者集聚效应与地区工资差距扩大［J］. 中国工业经济（9）：81-99.

崔鑫生，2020. "一带一路"沿线国家营商环境对经济发展的影响：基于世界银行营商环境指标体系的分析［J］. 北京工商大学学报（社会科学版）（3）：37-48.

戴魁早，2015. 制度环境、区域差异与知识生产效率：来自中国省际高技术产业的经验证据［J］. 科学学研究（3）：369-377.

邓慧慧，潘雪婷，李慧榕，2021. 城市群扩容是否有利于产业升级：来自长三角县域的经验证据［J］. 上海财经大学学报，23（3）：32-47.

邓玉萍，许和连，2013. 外商直接投资、地方政府竞争与环境污染：

基于财政分权视角的经验研究 [J]. 中国人口·资源与环境 (7)：155-163.

丁焕峰，孙小哲，刘小勇，2020. 区域扩容能促进新进地区的经济增长吗?：以珠三角城市群为例的合成控制法分析 [J]. 南方经济，38 (6)：53-69.

董春风，何骏，2021. 区域一体化发展提升城市创新能力了吗?：来自长三角城市群扩容的经验证据 [J]. 现代经济探讨，28 (9)：109-118.

豆建民，2005. 国内资本流动对我国区域经济增长的影响 [J]. 当代财经 (8)：84-87.

杜两省，胡海洋，姚晨，2020. 制度环境、技术创新资本流动与区域发展：基于空间集聚视角的研究 [J].《西南民族大学学报》(人文社会科学版) (2)：142-151.

杜善重，马连福，2024. 数字化转型速度如何影响企业债务融资：基于"降成本"与"去杠杆"视角的研究 [J]. 审计与经济研究 (2)：52-62.

范欣，宋冬林，赵新宇，2017. 基础设施建设打破了国内市场分割吗? [J]. 经济研究 (2)：20-34.

范子英，2020. 财政转移支付与人力资本的代际流动性 [J]. 中国社会科学 (9)：48-67，205.

范子英，张军，2009. 财政分权与中国经济增长的效率：基于非期望产出模型的分析 [J]. 管理世界 (7)：15-25.

范子英，周小昶，2022. 财政激励、市场一体化与企业跨地区投资：基于所得税分享改革的研究 [J]. 经济研究 (2)：118-136.

方巧玲，李淑，徐慧，2023. 高铁开通与企业数字化转型 [J]. 财会月刊 (8)：127-134.

冯笑，王永进，刘灿雷，2018. 行政审批效率与中国制造业出口：基于行政审批中心建立的"准自然实验" [J]. 财经研究 (10)：98-110.

傅元海，唐未兵，王展祥，2010. FDI 溢出机制、技术进步路径与经济增长绩效 [J]. 经济研究 (6)：92-104.

高波，郝少博，2023. 增值税改革、资本要素市场分割与企业出口产品质量升级：来自中国制造业企业的证据 [J]. 宏观质量研究 (2)：42-59.

高传伦，2017. 我国资本市场分割与资本扩张的经济增长效应 [J]. 商业研究 (8)：27-34.

龚新蜀，韩俊杰，2019. 对外直接投资改善母国环境了吗？：基于中国市场一体化视角 [J]. 生态经济 (12)：112-119.

关健，邓芳，陈明淑，等，2022. 创始人人力资本与高技术新创企业创新：一个有调节的中介模型 [J]. 管理评论，34 (6)：90-102.

桂琦寒，陈敏，陆铭，等，2006. 中国国内商品市场趋于分割还是整合？：基于相对价格法的分析 [J]. 世界经济 (2)：20-30.

郭爱君，张小勇，李菁，2023. 网络基础设施建设与城市经济韧性：基于"宽带中国"示范性城市建设的准自然实验 [J]. 财贸研究 (5)：25-38.

郭劲光，王虹力，2022. 数字赋能下减排战略的创新性选择：基于"宽带中国"试点政策的准自然实验 [J]. 产业经济研究 (4)：101-113,142.

郭金龙，王宏伟，2003. 中国区域间资本流动与区域经济差距研究 [J]. 管理世界 (7)：45-58.

郭熙保，罗知，2010. 中国省际资本边际报酬估算 [J]. 统计研究 (6)：71-77.

郭照蕊，黄俊，2021. 高铁时空压缩效应与公司权益资本成本：来自A股上市公司的经验证据 [J]. 金融研究 (7)：190-206.

韩庆潇，杨晨，2018. 地区市场分割对高技术产业创新效率的影响：基于不同市场分割类型的视角 [J]. 现代经济探讨 (5)：78-85.

贺胜兵，2008. 基于PSTR模型的地区资本流动能力研究 [J]. 统计研究 (8)：45-49.

贺祥民，赖永剑，聂爱云，2016. 区域一体化与地区环境污染排放收敛：基于长三角区域一体化的自然实验研究 [J]. 软科学 (3)：41-45.

洪小羽，谢建国，任桐瑜，2023. 深化资本市场开放与资本国内循环：来自企业异地投资的证据 [J]. 财经科学 (10)：1-15.

洪勇，2014. 转型时期中国国内市场整合的实证研究 [D]. 博士学位论文，南昌：江西财经大学.

洪勇，2016. 中国省级消费风险分担：测度、影响因素与福利效应 [J]. 财贸研究 (5)：10-18.

洪勇，2020. 中国区域房价联动度测度及其影响因素分析：基于 35 个大中城市面板数据的研究［J］. 管理评论（6）：62-71.

胡凯，2011. 中国省际资本流动规模实证研究［J］. 经济地理（1）：90-96.

胡凯，吴清，2012. 省际资本流动的制度经济学分析［J］. 数量经济技术经济研究（10）：20-37.

胡永平，张宗益，祝接金，2004. 基于储蓄：投资关系的中国区域间资本流动分析［J］. 中国软科学（5）：130-135.

胡志勇，周俊琪，傅俏，2013. 地市级政府税收竞争与资本流动：基于福建省九个地市经济数据的研究［J］. 税务研究（12）：77-80.

黄飞雪，周筠，李志洁，等，2009. 基于协整和向量误差修正模型的中国主要城市房价的联动效应研究［J］. 中大管理研究（2）：122-143.

黄赜琳，姚婷婷，2020. 市场分割与地区生产率：作用机制与经验证据［J］. 财经研究（1）：96-110.

黄文军，荆娴，2013. 资本流动是否影响我国地区经济增长：基于1979—2010 年省际面板数据的实证［J］. 财经论丛（1）：8-12.

黄永颖，刘庆，张克中，2022. 从竞争到协调：养老保险费率统一的资本流动效应［J］. 经济研究（12）：162-179.

蒋媛媛，2009. 我国东部制造业企业迁移的趋势及其机理［J］. 经济管理（1）：49-54.

金智，张立光，辛清泉，2021. 高铁开通与公司 IPO［J］. 会计研究（4）：103-116.

孔东民，陶云清，2023. 信息基础设施建设与企业投资：基于"宽带中国"试点政策的准自然实验［J］. 经济科学（2）：106-124.

赖明勇，包群，2005. 外商直接投资与技术外溢：基于吸收能力的研究［J］. 经济研究（8）：95-105.

李广昊，周小亮，2021. 推动数字经济发展能否改善中国的环境污染：基于"宽带中国"战略的准自然实验［J］. 宏观经济研究（7）：146-160.

李光武，谭曼，朱仁泽，2023. 网络基础设施建设、企业投资决策和金融资产配置：来自"宽带中国"战略的准自然实验［J］. 云南财经大学学报（7）：42-69.

李加鹏，吴蕊，杨德林，2020. 制度与创业研究的融合：历史回顾及

未来方向探讨 [J]. 管理世界 (5)：204-219.

李建明，罗能生，2020. 高铁开通改善了城市空气污染水平吗？ [J].
经济学（季刊）(4)：1335 -1354.

李立，田益祥，张高勋，等，2015. 空间权重矩阵构造及经济空间引
力效应分析：以欧债危机为背景的实证检验 [J]. 系统工程理论与实践
(8)：1918-1927.

李梅，柳士昌，2012. 对外直接投资逆向技术溢出的地区差异和门槛
效应：基于中国省际面板数据的门槛回归分析 [J]. 管理世界 (1)：21-
32.

李梦，朱翊茗，舒苏，等，2023. 信息要素大循环下的资本市场定价
效率研究：基于高铁开通的准自然实验 [J]. 系统工程理论与实践 (7)：
1910-1926.

李群，赵嵩正，2005. 资源流动机制与区域经济发展探析 [J]. 财贸
经济 (6)：61-65.

李新春，肖宵，2017. 制度逃离还是创新驱动？：制度约束与民营企
业的对外直接投资 [J]. 管理世界 (10)：99-112.

李欣泽，纪小乐，周灵灵，2017. 高铁能改善企业资源配置吗？：来自
中国工业企业数据库和高铁地理数据的微观证据 [J]. 经济评论 (6)：3-
21.

李雅婷，李自杰，张般若，2022. 信息不对称与供应商关系型交易：
基于高铁开通的准自然实验 [J]. 云南财经大学学报 (8)：82-99.

李言，2022. 区域一体化能否提高资本生产率？：来自中国长三角城市
经济协调会扩容的准自然实验 [J]. 南通大学学报（社会科学版），38
(5)：63-72.

李治国，2008. 中国区域间资本流动：基于 Feldstein-Horioka 方法的检
验 [J]. 统计研究 (10)：73-81.

李志军，2021. 我国重点城市群营商环境评价及比较研究 [J]. 北京
工商大学学报（社会科学版）(6)：17-28.

李志军，2022. 我国城市营商环境的评价指标体系构建及其南北差异
分析 [J]. 改革 (2)：36-47.

李志军，张世国，李逸飞，等，2019. 中国城市营商环境评价及有关
建议 [J]. 江苏社会科学 (2)：30-42.

梁军，从振楠，2020. 城市群扩容能否提高外商直接投资强度？：来自长三角的准自然实验 [J]. 世界经济与政治论坛，38（4）：137-155.

刘传明，马青山，2020. 网络基础设施建设对全要素生产率增长的影响研究：基于"宽带中国"试点政策的准自然实验 [J]. 中国人口科学（3）：75-88，127-128.

刘乃全，吴友，2017. 长三角扩容能促进区域经济共同增长吗 [J]. 中国工业经济，33（6）：79-97.

刘培林，2005. 地方保护和市场分割的损失 [J]. 中国工业经济（4）：69-76.

刘穷志，2017. 税收竞争、资本外流与投资环境改善：经济增长与收入公平分配并行路径研究 [J]. 经济研究（3）：61-75.

刘瑞瑞，刘志强，2021. 区域经济一体化视域下的区域立法协同研究 [J]. 烟台大学学报（哲学社会科学版），34（3）：32-40.

刘勇政，李岩，2017. 中国的高速铁路建设与城市经济增长 [J]. 金融研究（11）：18-33.

刘志彪，孔令池，2021. 从分割走向整合：推进国内统一大市场建设的阻力与对策 [J]. 中国工业经济（8）：20-36.

刘志平，陈智平，2013. 城市住房价格的空间相关性、影响因素与传递效应：基于区域市场关系层面的实证研究 [J]. 上海财经大学学报（5）：81-88.

陆铭，陈钊，2009. 分割市场的经济增长：为什么经济开放可能加剧地方保护？[J]. 经济研究（3）：42-52.

卢盛荣，易明子，2012. 中国省际资本边际报酬再估算及无谓损失评估 [J]. 数量经济技术经济研究（4）：123-135.

吕冰洋，王雨坤，贺颖，2021. 我国地区间资本要素市场分割状况：测算与分析 [J]. 统计研究（11）：101-114.

吕炜，邵娇，2020. 转移支付、税制结构与经济高质量发展：基于277个地级市数据的实证分析 [J]. 经济学家（11）：5-18.

马草原，孙思洋，张昭，2023. 中国地区间要素市场分割的识别与影响因素分析 [J]. 金融研究（2）：78-95.

马光荣，程小萌，杨恩艳，2020. 交通基础设施如何促进资本流动：基于高铁开通和上市公司异地投资的研究 [J]. 中国工业经济（6）：5-

23.

毛捷，徐军伟，江萍，等，2022. 以债引资：城投债与资金跨地区流动 [J]. 中国人民大学学报（6）：89-103.

倪嘉成，2020. 制度复杂性视角下市场分割对技术创业的作用机制研究 [D]. 北京：对外经济贸易大学.

牛盼强，谢富纪，2008. 区域经济发展环境与经济发展关系的实证研究 [J]. 技术经济（1）：8-13.

彭章，陆瑶，杨琛，2021. 融资融券与公司财务杠杆 [J]. 南开管理评论（5）：139-149.

戚聿东，肖旭，2020. 数字经济时代的企业管理变革 [J]. 管理世界（6）：135-152，250.

齐绍洲，林屾，崔静波，2018. 环境权益交易市场能否诱发绿色创新？：基于我国上市公司绿色专利数据的证据 [J]. 经济研究（12）：129-143.

钱先航，曹廷求，2017. 钱随官走：地方官员与地区间的资金流动 [J]. 经济研究（2）：156-170.

强永昌，杨航英，2020. 长三角区域一体化扩容对企业出口影响的准自然实验研究 [J]. 世界经济研究，39（6）：44-56，136.

任晓红，张宗益，余元全，2011. 中国省际资本流动影响因素的实证分析 [J]. 经济问题（1）：31-35.

孙博文，陈路，李浩民，2018. 市场分割的绿色增长效率损失评估：非线性机制验证 [J]. 中国人口·资源与环境（7）：148-158.

孙久文，2018. 论新时代区域协调发展战略的发展与创新 [J]. 国家行政学院学报（4）：109-114，151.

孙伟增，牛冬晓，万广华，2022. 通基础设施建设与产业结构升级：以高铁建设为例的实证分析 [J]. 管理世界（3）：19-41，58.

王博，文艺，2012. 储蓄投资相关性与中国地区资本市场融合：对中国费尔德斯坦-霍里奥克之谜的再考察 [J]. 经济学动态（10）：71-75.

王博，朱沆，2020. 制度改善速度与机会型创业的关系研究 [J]. 管理世界（10）：111-126.

王凤荣，苗妙，2015. 税收竞争、区域环境与资本跨区流动 [J]. 经济研究（2）：16-30.

王鹤，潘爱民，陈湘州，2014. 经济环境、调控政策与区域房价：基于面板数据同期强相关视角[J].南方经济(6):56-74.

王家庭,袁春来,马宁,2022.政府竞争、要素流动与区域塌陷[J].西安交通大学学报(社会科学版)(1):1-19.

王垒,牛文正,沙一凡,2023.机构跨区域持股降低了省际资本流动壁垒吗?[J].上海财经大学学报(4):18-32.

王全忠,彭长生,2018.城市群扩容与经济增长:来自长三角的经验证据[J].经济经纬,31(5):51-57.

王善平,李志军,2011.银行持股、投资效率与公司债务融资[J].金融研究(5):184-193.

王松涛,杨赞,刘洪玉,2008.我国区域市场城市房价互动关系的实证研究[J].财经问题研究(6):122-129.

王宋涛,朱腾腾,燕波,2017.制度环境、市场分割与劳动收入份额:理论分析与基于中国工业企业的实证研究[J].南开经济研究(3):70-87.

王维国,薛景,2014.Feldstein-Horiok之谜在中国省际间的再检验:截面相关下的变结构面板协整分析[J].上海经济研究(3):59-66.

王伟同,周佳音,2019.互联网与社会信任:微观证据与影响机制[J].财贸经济(10):111-125.

王曦,杨扬,余壮雄,等,2014.中央投资对中国区域资本流动的影响[J].中国工业经济(4):5-18.

王喜,蒋薇薇,2016.财政分权对区域资本流动影响研究[J].改革与战略(4):47-51.

王喜,赵增耀,2014.FDI与区域资本流动:抑制还是促进[J].国际贸易问题(4):136-143.

王晓芳,谢贤君,2018.经济增长与产业集聚双重视角下区域一体化的就业效应研究:基于长江经济带的实证研究[J].经济问题探索(6):84-90.

王晓芳,谢贤君,孙博文,2019.区域一体化的技术进步效应路径研究:基于长江经济带的经验数据[J].华东经济管理(3):64-71.

王小鲁,樊纲,2004.中国地区差距的变动趋势和影响因素[J].经济研究(1):33-44.

王阳,郭俊华,2023.数字基础设施建设能否推动工业绿色转型发展？：基于"宽带中国"战略的准自然实验［J］．经济问题探索（8）：1-18.

王翌秋，谢萌，郭冲，2023．企业 ESG 表现影响银行信贷决策吗：基于中国 A 股上市公司的经验证据［J］．金融经济学研究（5）：97-114.

王运通，姜付秀，2017．多个大股东能否降低公司债务融资成本［J］．世界经济（10）：119-143.

王张铭，梁巧转，侯继磊，2019．要素市场分割对货币政策区域产出效应的影响：基于全国省际静态面板数据的实证研究［J］．商业经济与管理（5）：81-87.

王振兴，2018．我国省域资本流动性问题：基于 1978—2015 年的数据分析［J］．金融理论与实践（1）：36-39.

魏后凯，2006．现代区域经济学［M］．北京：经济管理出版社.

魏后凯，蔡翼飞，2009．西部大开发的成效与展望［J］．中国发展观察（10）：32-34.

吴倩，潘爱玲，邱金龙，2020．高铁通车、地区间信任与资本跨区流动：基于企业异地并购的视角［J］．当代财经（10）：75-86.

吴青山，吴玉鸣，郭琳，2021．区域一体化是否改善了劳动力错配：来自长三角扩容准自然实验的证据［J］．南方经济，39（6）：51-67.

吴振信，谢晓晶，王书平，2012．基于中国东、中、西部面板数据的碳排放和产值结构关系研究［J］．中国人口·资源与环境（2）：31-36.

肖燕飞，2012．基于空间理论的我国区域资本流动及其对区域经济发展的影响研究［D］．长沙：湖南大学.

谢贞发，陈芳敏，陈卓恒，2023．激励与能动性：非对称财政收支分权与企业资本跨区域流动［J］．数量经济技术经济研究（1）：87-108.

熊立新，宁佳钧，2022．长三角扩容对污染减排的空间分异特征及其机制［J］．科技导报，40（4）：74-84.

徐冬林，陈永伟，2009．区域资本流动：基于投资与储蓄关系的检验［J］．中国工业经济（3）：40-48.

许清清，李振宇，江霞，2020．资本跨区流动对区域产业结构优化升级的影响：基于 2003—2016 年的 275 个地级市面板数据的实证研究［J］．产业经济评论（2）：47-75.

许晓冬，刘金晶，2020．我国省域营商环境评价指标体系构建与优化路径研究［J］. 价格理论与实践（11）：173-176.

薛飞，周民良，刘家旗，2022. 数字基础设施降低碳排放的效应研究：基于"宽带中国"战略的准自然实验［J］. 南方经济（10）：19-36.

闫东升，孙伟，李平星，等，2022. 长三角一体化区域扩容的城市创新发展效应研究［J］. 地理研究，41（9）：2568-2586.

杨继彬，李善民，杨国超，等，2021. 省际双边信任与资本跨区域流动：基于企业异地并购的视角［J］. 经济研究（4）：41-59.

杨建坤，曾龙，2020. 地方政府合作与城市群产业结构升级：基于长三角城市经济协调会的准自然实验［J］. 中南财经政法大学学报，48（6）：57-69.

杨晓，雪合来提·马合木提，张玉玲，2012. 资本边际产出的变化特征及其影响因素分析［J］. 统计与决策（7）：121-125.

叶阿忠，吴继贵，陈胜明，2015. 空间计量经济学［M］. 厦门：厦门大学出版社.

叶康涛，张然，徐浩萍，2010. 声誉、制度环境与债务融资：基于中国民营上市公司的证据［J］. 金融研究（8）：171-183.

余典范，张家才，陈磊，2023. 企业数字化促进了资本跨地区流动吗?：来自上市公司异地设立子公司的证据［J］. 财经研究（12）：91-105.

余婕，董静，邓浩然，2022. 风险投资介入推动了资本跨区域流动吗?：基于企业异地并购的实证研究［J］. 财经研究（1）：108-122.

余明桂，回雅甫，潘红波，2010. 政治联系、寻租与地方政府财政补贴有效性［J］. 经济研究（3）：65-77.

余壮雄，王美今，章小韩，2010. FDI进入对我国区域资本流动的影响［J］. 经济学（季刊）（1）：111-132.

苑德宇，宋小宁，2008. 中国区域房价泡沫测度及空间传染性研究：基于2001—2005年35个大中城市面板数据的实证分析［J］. 上海财经大学学报（3）：78-85.

张彩江，覃婧，周宇亮，2017. 技术扩散效应下产业集聚对区域创新的影响研究：基于两阶段价值链视角［J］. 科学学与科学技术管理（12）：124-132.

张超，郭海霞，沈体雁，2016. 中国空间市场一体化演化特征：基于

"一价定律"与空间杜宾模型 [J]. 财经科学 (1)：67-77.

张浩，李仲飞，2016. 房价预期、土地价格与房地产商行为 [J]. 管理评论 (4)：52-61

张杰，付奎，2021. 信息网络基础设施建设能驱动城市创新水平提升吗?：基于"宽带中国"战略试点的准自然试验 [J]. 产业经济研究 (5)：1-14，127.

张凌，2010. 城市住房价格波动差异与连锁反应研究 [M]. 北京：经济科学出版社.

张衔，林仁达，2015. 我国城市房价短期波纹效应的实证 [J]. 财经科学 (9)：132-140.

张学良，李培鑫，李丽霞，2017. 政府合作、市场整合与城市群经济绩效：基于长三角城市经济协调会的实证检验 [J]. 经济学 (季刊)，16 (4)：1563-1582.

张跃，2020. 政府合作与城市群全要素生产率：基于长三角城市经济协调会的准自然实验 [J]. 财政研究，41 (4)：83-98.

赵海峰，张颖，2020. 区域一体化对产业结构升级的影响：来自长三角扩容的经验证据 [J]. 软科学，34 (12)：81-86，103.

赵慧卿，2012. 中国资本市场一体化测度与利益评估 [J]. 华东经济管理 (5)：73-77.

赵领娣，徐乐，2019. 基于长三角扩容准自然实验的区域一体化水污染效应研究 [J]. 中国人口·资源与环境，29 (3)：50-61.

赵奇伟，熊性美，2009. 中国三大市场分割程度的比较分析：时间走势与区域差异 [J]. 世界经济 (6)：41-53.

赵儒煜，孙宁志，2019. 市场分割结构及其对区域经济的影响 [J]. 南昌大学学报 (人文社会科学版) (6)：33-44.

赵选民，武苗，2016. 碳信息披露对再融资规模的影响研究：基于化工行业的面板数据 [J]. 财会通讯 (26)：43-46.

郑军，郭宇欣，唐亮，2021. 区域一体化合作能否助推产业结构升级?：基于长三角城市经济协调会的准自然实验 [J]. 中国软科学，36 (8)：75-85.

钟军委，林永然，2018. 地方政府竞争、资本流动与区域经济的空间均衡 [J]. 云南财经大学学报 (9)：23-33.

周迪，钟绍军，2020. 资本流动与经济增长俱乐部趋同：以长三角城市群为例 [J]. 管理评论 (5)：76-86.

周经，黄凯，2020. 市场分割是否影响了 OFDI 逆向技术溢出的创新效应 [J]. 现代经济探讨 (6)：70-77.

周楷唐，麻志明，吴联生，2017. 高管学术经历与公司债务融资成本 [J]. 经济研究 (7)：169-183.

周玲，2020. 省际资本流动是否影响了地区间经济差距 [J]. 经济问题 (3)：105-112.

祝志勇，刘昊，2020. 市场分割、地区异质性与经济增长质量 [J]. 改革 (4)：86-99.

诸竹君，黄先海，王煌，2019. 交通基础设施改善促进了企业创新吗？：基于高铁开通的准自然实验 [J]. 金融研究 (11)：153-169.

ABADIE A., DIAMOND A., HAINMUELLER J, 2010. Synthetic control methods for comparative case studies：estimating the effect of california's tobacco control program ［J］. Journal of the American Statistical Association, 105 (490)：493-505.

ABADIE A., GARDEAZABAL J, 2003. The economic costs of conflict：A Case Study of the Basque Country ［J］. American Economic Review, 9 (1)：113-132.

ABADIE A, L'HOUR J, 2021. A penalized synthetic control estimator for disaggregated data ［J］. Journal of the American Statistical Association, 116 (5)：1817-1834.

AGRAWAL A, GALASSO A, OETTL A, 2017. Roads and innovation ［J］. Review of Economics and Statistics, 99 (3)：417-434.

ALFARO L, KALEMLI - OZCAN S, VOLOSOVYCH V, 2008. Why doesn't capital flow from rich to poor countries? An empirical investigation ［J］. Review of Economics and Statistics, 90 (2)：347-368.

ALLEN F, QIAN J, QIAN M, 2005. Law, Finance and economic growth in China ［J］. Journal of Financial Economics, 77 (1)：57-116.

ALTMAN E I, IWANICZ-DROZDOWSKA M, LAITINEN E K, et al., 2017. Financial distress prediction in an international context：a review and empirical analysis of Altman's Z-Score model ［J］. Journal of International Financial Management & Accounting, 28 (2): 131–171.

ANSELIN L, FLORAX R J, 1995. New direction in spatial econometrics [M]. Springer–Verlag Berlin and Heidelberg GmbH & Co. K.

APERGIS N, PAYNE J E, 2012. Convergence in U. S. house prices by state: evidence from the club convergence and clustering procedure [J]. Letter in Spatial and Resource Sciences, 5 (2): 103–111.

ARELLANO M, BOND S, 1991. Some tests of specification for panel data: monte carlo evidence and an application to employment equations [J]. Review of Economic Studies, 26 (58): 277–298.

ARTIS M J, BAYOUMI T, 1989. Saving–Investment financial integrations, and the balance of payments [R]. IMF Working Paper.

BAAS T, BRÜCKER H, 2010. Macroeconomic impact of eastern enlargement on Germany and UK: evidence from A CGE Model [J]. Applied Economics Letters, 17 (2): 125–128.

BEN–MICHAEL E, FELLER A, ROTHSTEIN J, 2021. The augmented synthetic control method [J]. Journal of the American Statistical Association, 116 (5): 1789–1803.

BITZER J, KEREKES M, 2008. Does foreign direct investment transfer technology across borders? New evidence [J]. Economics Letters, 100 (3): 355–358.

BLUNDELL R., BOND S, 1998. Initial conditions and moment restrictions in dynamic panel data models [J]. Journal of Econometrics, 9 (87): 115–143.

BOLLARD A, KLENOW P J, LI H Y, 2016. Entry costs rise with development [R]. NBER Working Paper.

BORENSZTEIN E, GREGORIO J, LEE J W, 1998. How does foreign direct investment affect economic growth? [J]. Journal of International Economics, 45 (1): 115–135.

BOYREAU–DEBRAY G, WEI S J, 2004. Can China grow faster? a diagnosis of the fragmentation of its domestic capital market [R]. IMF Working Paper.

BOYREAU–DEBRAY G, WEI S J, 2005. Pitfalls of a state–dominated financial system: the case of China [R]. NBER Working Paper.

BRAAKMANN N, VOGEL A, 2011. How does economic integration influence employment and wages in border regions? the case of the EU Enlargement 2004 and Germany's eastern border [J]. Review of World Economics, 147 (2): 303-323.

CALLAWAY B, SANT'ANNA P, 2021. Difference - in - differences with multiple time periods [J]. Journal of Econometrics, 225 (2): 200-230.

CAMPOS N F, CORICELLI F, MORETTI L, 2019. Institutional integration and economic growth in Europe [J]. Journal of Monetary Economics, 103: 88-104.

CERQUEIRA P A, MARTINS R, 2009. Measuring the determinants of business cycle synchronization using a panel approach [J]. Economics Letters, 102 (2): 106-108.

CHAN K, LAI J, YAN I, 2013. Is the provincial capital market segmented in China? [J]. Review of Development Economics, 17 (3): 430-446.

CHARRON N, LAPUENTE V, 2011. Why do some regions in europe have higher quality of government [R]. QOG Working Paper.

CHIANG M C, TSAI I C, 2016. Ripple effect and contagious effect in the us regional housing markets [J]. The Annals of Regional Science, 56 (1): 55-82.

COE D T, HELPMAN E, 1995. International R&D spillovers [J]. European Economic Review, 39 (5): 859-887.

COOK S, THOMAS C, 2003. An alternative approach to examining the ripple effect in UK house prices [J]. Applied Economics Letters, 10 (13): 849-851.

COOK S, WATSON D, 2015. A new perspective on the ripple effect in the uk housing market: comovement, cyclical subsamples and alternative indices [J]. Urban Studies, 53 (14): 3048-3062.

COSTELLO A M, WITTENBERG-MOERMAN R, 2011. The impact of financial reporting quality on debt contracting: Evidence from internal control weakness reports [J]. Journal of Accounting Research, 49 (1): 97-136.

CRUDE S, HOFFMANN M, 2017. A provincial view of global imbalances:

regional capital flows in China [J]. Review of World Economics, 153 (2): 573-599.

DAVIES R B, CARSTEN E, 2010. Tax competition for heterogeneous firms with endogenous entry [J]. American Economic Journal, 2 (1): 77-102.

DENG L C, WANG B Q, 2016. Regional capital flows and economic regimes: evidence from China [J]. Economics Letters, 141 (4): 80-83.

DONG B, GONG J, ZHAO X, 2012. FDI and environmental regulation: pollution haven or a race to the top [J]. Journal of regulatory economics, 41 (2): 216-237.

DONG X, ZHENG S, KAHN M E, 2020. The role of transportation speed in facilitating high skilled teamwork across cities [J]. Journal of Urban Economics (115): 103-112.

DRIFFIELD N, LOVE J H, MENGHINELLO S, 2010. The multinational enterprise as a source of international knowledge flows: Direct evidence from Italy [J]. Journal of International Business Studies, 41 (2): 350-359.

DUAN L L, NIU D X, SUN W Z, et al., 2021. Transportation infrastructure and capital mobility: evidence from China's high-speed railways [J]. The Annals of Regional Science, 67 (4): 617-648.

EATON J, KORTUM S, 1999. International technology diffusion: Theory and measurement [J]. International Economic Review, 40 (3): 537-570.

ELHORST J P, 2003. Specification and estimation of spatial panel data models [J]. International Regional Science Review, 26 (3): 244-268.

ELHORST J P, 2010. Dynamic panel with endogenous interaction effect when T Is small [J]. Regional Science and Urban Economics, 40 (5): 272-282.

ELSNER B, 2013. Does emigration benefit the stayers? evidence from EU enlargement [J]. Journal of Population Economics, 26 (2): 531-553.

FELDSTEIN M, HORIOKA C, 1980. Domestic saving and international capital flows [J]. Economic Journal, 90 (2): 314-329.

GOODMAN-BACON A, 2021. Difference-in-differences with variation in treatment timing [J]. Journal of Econometrics, 225 (2): 254-277.

GOURINCHAS P O, JEANNE O, 2006. The elusive gains from international financial integration [J]. Review of Economic Studies, 73 (3): 715-781.

GOURINCHAS P O, JEANNE O, 2013. Capital flows to developing countries: the allocation puzzle [J]. Review of Economic Studies, 80 (4): 1484-1515.

GUPTA R, MILLER S, 2012. Ripple effects and forecasting home prices in Los Angeles, Las Vegas and Phoenix [J]. The Annals of Regional Science, (48): 763-782.

HAN H Y, LIN S, 2019. Government size and regional capital flows in China [J]. Sustainability, 23 (11): 1-19.

HANSEN B E, 1999. Threshold effects in Non-Dynamic panels: estimation, testing and inference [J]. Journal of Econometrics, 93 (2): 345-368.

HODRICK R J, PRESCOT E C, 1980. Post-war U. S. business cycles: an empirical investigation [R]. North-western University, Center for Mathematical Studies in Economics and Management Science, Discussion paper.

HOLMES M J, 2007. How convergent are regional house prices in the United Kingdom? some new evidence from panel data unit root testing [J]. Journal of Economic and Social Research, 9 (1): 1-17.

HOWARTH D, QUAGLIA L, 2020. One money, two markets? EMU at twenty and European financial market integration [J]. Journal of European Integration, 42 (3): 433-448.

JENSEN W J, 1998. Interpreting saving-investment correlations [J]. Open Economics Review, 9 (3): 207-219.

JONES J, SERWICKA I, WREN C, 2018. Economic integration, border costs and FDI location: evidence from the fifth european union enlargement [J]. International Review of Economics & Finance, 54: 193-205.

KELLER W, 2004. International technology diffusion [J]. Journal of Economic Literature, 42 (3): 752-782.

KINDA T, 2010. Investment climate and FDI in developing countries: firm-level evidence [J]. World Development, 38 (4): 498-513.

LAI J T, MCNELIS P D, YAN I K M, 2013. Regional capital mobility in China: economic reform with limited financial integration [J]. Journal of International Money and Finance, 37 (7): 493-503.

LIBERTI J M, PETERSEN M A, 2019. Information: hard and soft [J]. The Review of Corporate Finance Studies, 8 (1): 1-41.

LEE G, 2005. Direct versus indirect international R&D spillovers [J]. Information Economics and Policy, 17 (3): 334-348.

LEE L, YU J, 2010. Estimation of spatial autoregressive panel data models with fixed effects [J]. Journal of econometrics, 154 (2): 165-185.

LESAGE J, PACE R K, 2010. Introduction to spatial econometrics [M]. Floride: CRC Press.

LI Q, 2010. Capital flows and domestic market integration in China [J]. Journal of China Economic and Business Studies, 8 (1): 67-94.

LUO Z Q, LIU C, PICKEN D, 2007. Housing price diffusion pattern of Australia's state capital cities [J]. International Journal of Strategic Property Management, (11): 227-242.

MARTIN P, ROGERS C A, 1995. Industrial location and public infrastructure [J]. Journal of International Economics, 39 (2): 335-351.

MEEN G, 1999. Regional house prices and the ripple effect: a new interpretation [J]. Housing Studies, 14 (6): 733-753.

MIYAZAWA K, OGAWA H., TAMAI T, 2019. Capital market integration and fiscal sustainability [J]. European Economic Review, 120 (9): 22-43.

NAKAMURA H R, OLSSON M, LÖNNBORG M, 2012. FDI in the Post-EU accession baltic sea region: a global or a regional concern? [J]. Baltic Journal of Economics, 12 (2): 89-108.

OBSIBATA M, 1986. Capital mobility in world economy: theory and measurement [J]. Carnigie-rochester conference on public policy, 24 (1): 55-103.

OKAZAKI T, SAKAI K, 2020. Capital market integration with multiple convergence clubs: the case of prewar Japan [R]. CIRJE Discussion Paper.

PARSLEY D, WEI S J, 2001. Limiting currency volatility to stimulate goods market integration: A price based approach [R]. IMF Working Paper.

PEDRONI P, 1999. Critical values for cointegration test in heterogeneous panels with multiple regressors [J]. Oxford Bulletin of Economics and Statistics, 61 (1): 653-670.

POTTERLSBERGHE B, LICHTENBERG F, 2001. Does foreign direct investment transfer technology across borders? [J]. Review of Economics and Statistics, 83 (3): 490-497.

QIAN X H, WANG Y, ZHANG G L, 2018. The spatial correlation network of capital flows in China: evidence from China's high-value payment system [J]. China Economic Review, 50: 175-186.

RAPACKI R, PROCHNIAK M, 2019. EU membership and economic growth: empirical evidence for the CEE Countries [J]. The European Journal of Comparative Economics, 16 (1): 3-40.

ROBIYANTO R, 2018. Capital market integration in some asean countries revisited [J]. Journal manajemen, 22 (2): 33-60.

SAMUELSON P, 1954. Theoretical note on trade problem [J]. Review of Economics and Statistics (46): 145-164.

SHI S, MARTIN Y, BOB H, 2009. The ripple effect of local house price movements in New Zealand [J]. Journal of Property Research (26): 1-24.

SHI S, WONG S K., CHEN Z, 2022. Network capital and urban development: an inter-urban capital flow network analysis [J]. Regional Studies, 56 (3): 406-419.

SHI X Y, XI T Y, ZHANG X B, et al., 2021. "Moving Umbrella": Bureaucratic transfers and the comovement of interregional investments in China [J]. Journal of Development of Economics, 153 (11): 1-10.

SHIBATA A, SHINTANI M, 1998. Capital mobility in world Economy: an Alternative Test [J]. Journal of International Money and Finance, 17 (5): 741-756.

SMYTH R, NANDHA M, 2003. Cointegration and causality in Australian capital city house prices in 1986-2001 [J]. Journal of Economic and Social Policy, 7 (2): 35-50.

STEVENSON S, 2004. House price diffusion and inter-regional and cross-border house price dynamics [J]. Journal of Property Research, (21): 301-320.

STRIELKOWSKI W, HÖSCHLE F, 2016. Evidence for economic convergence in the EU: The analysis of past EU enlargements [J]. Technological & Economic Development of Economy, 22 (4): 617-630.

TEYE A L, KNOPPEL M, HAAN J D, et al., 2017. Amsterdam house price ripple effects in the netherlands [J]. Journal of European Real Estate Research, 10 (3): 11-32.

TSAI I C, 2015. Spillover effect between the regional and the national housing markets in the UK [J]. Regional Studies, 49 (12): 1957-1976.

WANG S K, 2016. China's interregional capital mobility: a spatial econometric estimation [J]. China Ecomomic Review, 41 (9): 114-128.

WANG X L, YEUNG G, LI X Y, et al., 2022. Does inter-regional investment by publicly listed companies promote local green total factor productivity? A study of the mediation effects of green patents in China [J]. Journal of Cleaner Production, 339 (3): 48-67.

WILDASIN D E, 2011. Fiscal competition for imperfectly-mobile labor and capital: a comparative dynamic analysis [J]. Journal of Public Economics, 95 (11): 1312-1321.

WILTSHIRE J C, 2021. Allsynth: (stacked) synthetic control bias-correction utilities for stata [R]. Stata Conference.

WOOD R, 2003. The information content of regional house prices: can they be used to improve national house price forecasts? [R]. Bank of England Quarterly Bulletin, Autumn.

WOOLDRIDGE J M, 2003. Introductory econometrics, a modern approach [M]. South-Western: Thomson Learning.

YAN I K, CHAN K S, DANG V Q T, 2011. Regional capital mobility in China: 1978 - 2006 [J]. Journal of International Money and Finance, 30 (7): 1506-1515.

ZHANG G L, QIAN X H, 2021. The impact of officials' turnover on interregional capital flows: evidence from China [J]. Applied Economics, 54 (7): 749-763.

ZHANG L, HUI E C, WEN H Z, 2017. The regional house prices in China: ripple effect or differentiation [J]. Habitat International, (67): 118-128.